DER INNERE WEG
im Universellen Leben

Stufe des Ernstes

DER
INNERE WEG
im Universellen Leben

Stufe des Ernstes

Offenbart
von Bruder Emanuel,
dem Cherub der göttlichen Weisheit,
gegeben und erläutert durch die
Prophetin Gottes

Gabriele – Würzburg

Christus, der Schlüssel
zum Tor des Lebens
Universelles Leben

*Der Geist Gottes schenkte und schenkt
im Universellen Leben allen Menschen Sein Wort.
Dieses hohe geistige Gut wird in Form von
Büchern und Cassetten weitergegeben.
Die Preise sind so bemessen,
daß Bücher und Cassetten
auch an Menschen in aller Welt
abgegeben werden können,
die nicht in der Lage sind, sie zu bezahlen.*

1. Auflage 1993

© Universelles Leben e.V.
Haugerring 7
97070 Würzburg

Alle Rechte vorbehalten

Druck: Druckerei Joh. Walch GmbH & Co, Augsburg

ISBN 3-89371-237-2

Inhalt

Vorwort   13

Der Innere Weg im Universellen Leben . . .   17

Wichtige Hinweise zur Beachtung   19

Zum Geleit   23

Stufe des Ernstes   27

Jetzt ist Friede in uns, weil Gottes Ordnung, Wille und Weisheit uns durchglühen   29

Den Menschen auf der Stufe des Ernstes kennzeichnen Offenheit, Souveränität, Geradlinigkeit und Ernsthaftigkeit   33

Unpersönliches Leben ist Selbstlosigkeit, Achtung, innere Stärke und innere Freude   36

Der im Geiste Gereifte lebt und wirkt mit den Kräften Inneren Lebens, mit seinem geistigen Bewußtsein   39

Der geistige Mensch ruht in Gott, im ewigen Gesetz. Der Kampf mit dem menschlichen Ich ist beendet   44

Wir ergründen das noch vorhandene Maskenbild unseres Ichs. Wir finden in allem das Göttliche und wenden es an 48

Kurzer Rückblick auf unseren bisherigen Evolutionsweg. Sieg über unseren Menschen einzig durch Christus. Leben aus dem Bewußtsein der beginnenden Vereinigung mit Ihm 50

Der Gottmensch meistert das Leben, denn er schöpft aus Gott, der unerschöpflichen Quelle 57

Wer nicht mehr auf sein Persönliches bezogen ist, ist allbewußt; er ist unparteiisch, souverän und selbstlos 60

Das Leben im Bewußtsein des ewigen Seins. Das Äußere ist nur ein Abglanz des Inneren. Hineinspüren in die fließenden Rhythmen der göttlichen Dimensionen 66

Die leuchtende Seele, der durchglühte Mensch stehen nun über den menschlichen Meinungen, Wünschen, Leidenschaften und Gewohnheiten. Wir wachsen in die unmittelbare Führung durch Christus hinein 71

Ernste Mahnung: Nicht auf die vierte Stufe ohne die entsprechende Reife 76

Umgang des werdenden Mystikers mit Schwierigkeiten und mit noch vorhandenen menschlichen Programmen 78

In der Kommunikation mit dem Inneren Christus erfolgt die Bewußtseinsschau, die innere Wahrnehmung 80

Der gotterfüllte Mensch lebt in der Bruderschaft Christi 86

Der wahre Weise durchschaut die Gefahren weltbezogenen Lebens, die „Brille der Täuschung" 88

Unsere Masken, den Schein, erkennen 92

Der wahre Weise lebt mit seinem Nächsten in Harmonie und Frieden 96

Gegenwärtiges Leben ist selbstloses Geben. Wer im Gesetz Gottes, der fließenden Energie, lebt, dem dient das Gesetz. Weise sind gute Planer 98

Durch Bewußtseinserweiterung wächst der werdende Weise in das Gemeinwohl hinein und trägt Verantwortung für das Wohl aller 101

Die Bruderschaft in und mit Christus – das unpersönliche Leben in der Fülle 105

Erkenntnis der eigenen Reifegrade – Selbstkritik. Wachsamkeit und Gottverbundenheit *111*

Restbestände des menschlichen Ichs: Erinnerungen, Entsprechungen. Latente Programme in der Seele *115*

Das in Gott ruhende Bewußtsein prägt den Menschen und sein Verhalten. Sein Leben wird zur Anbetung Gottes *120*

Das Buch des göttlich Erfüllten *125*

Der Tagesablauf. Das unpersönliche Gebet, das Allgebet *126*

Allmähliches Erschließen der Innenschau *132*

Das Leben des gotterfüllten Menschen ist selbstloses Dienen *135*

Hinweise auf Restprogramme durch die Tagesenergie. Erfassen und Bereinigen von noch diffusen tiefen Unterkommunikationen *137*

Wir prüfen uns selbst: menschlich oder unpersönlich? Von Christus unmittelbar geführt oder mittelbar über die Tagesenergie – oder gesteuert durch Negativkräfte? *143*

Über Sturheit und Unnachgiebigkeit. Weise Menschenführung beläßt die Entscheidungsfreiheit *147*

Gegensätzliche Gefühle, Empfindungen, Gedanken, Worte und Handlungen bilden negative Energiefelder, Energieknoten: das Ich-Gesetz *151*

Der Druck durch das menschliche Ich. Entsprechungen: Widerstände gegen das Göttliche *153*

Wesenszüge des geistigen Menschen, des weitgehend reinen Tropfens im Ozean Gott *158*

Aufgabe für die göttlich Erfüllten auf der Stufe des Ernstes: Aussenden des geistigen Bewußtseins *163*

Empfangen aus dem göttlichen Strom. Die Sprache des Seins: das ewige Gesetz, die heilige Urempfindung *166*

Tiefenwahrnehmung – die Frucht beständigen Ringens um die Erfüllung des göttlichen Gesetzes. Göttliche Impulse: Energie und Wegweisung für unsere geistige Entfaltung *171*

Durch das Binden von Gottesenergie entstand das Kausalgesetz, das Reinigungsgesetz *174*

Tiefenkonzentration durch die Übung des Hineinempfindens in das Sein 177

Kurzzeitige Einbrüche durch aktiv gewordene Programme 180

In Ehe und Partnerschaft: Dualitäts- und Polaritätskräfte – göttliche Kräfte für das Leben in der Einheit aller 183

All-Sein ist Allbewußtsein. Der reine Mensch, die reine Seele stehen in der bewußten Verbindung zum Geist des Lebens 188

Jeder Einfluß ist Bindung. Zugang zu der unendlichen Fülle an Lebenskraft nur über unsere Gefühlsebene 191

Die geistige Mentalität erwacht. Die göttliche Durchstrahlkraft wirkt in allen Lebensbereichen. Die geistige Sprache ist die Sprache der Gegenwart 196

Wir halten die Tempelordnung, weil wir nichts anderes mehr wollen, als Gott zu gefallen. Das unpersönliche Leben: E s denkt und wirkt durch uns 205

Die Bruderschaft in Christus. Die unmittelbare Führung durch Impulse unseres Bruders Christus erfolgt schrittweise. Deutliche Warnung an den Unerleuchteten, der sich anmaßt, das Höchste empfangen zu wollen 209

Das mystische Leben: das Leben in und mit Gott und mit dem Nächsten, auch in Ehe und Partnerschaft 216

Das Leben im Sein erschließt uns Möglichkeiten über Möglichkeiten 220

Der Tropfen im Ozean Gott, der leuchtende Kristall, die geläuterte Seele im Menschen: der Himmelsschlüssel 225

Bewußt leben. Wie denken und sprechen wir? Alles will uns etwas sagen 232

Der in der Erfüllung lebende Mensch besitzt das Auge der Wahrheit. Die Wahrheit ist die Quelle der göttlichen Inspiration. Das Gesetz Gottes läßt jedem Menschen die Freiheit zur freien Entscheidung 238

Die gesetzmäßige Kommunikation des Alls. Die unpersönliche Rede 244

Senden und Empfangen: Übung, um in die Sprache des Geistes, in die Urempfindung, hineinzuwachsen 247

Die unpersönliche Rede. Der geistige Mensch findet für seine Nächsten die richtigen Worte und die rechte Hilfe 250

Über unsere Sinneswahrnehmungen erkennen wir noch bestehende Unterkommunikationen und Entsprechungen 257

Wesentliche Gesetzmäßigkeiten, die wir beherzigen sollten, um im Alltag wachsam zu bleiben. Verhalten in Gesprächen. Wir entscheiden uns in jedem Augenblick für das Göttliche 261

Der wahre Weise identifiziert sich nicht mehr mit seinem irdischen Namen 267

Wer nicht mehr im Kausalgesetz lebt, den führt Christus unmittelbar in das ewige Gesetz der Liebe und der Freiheit 269

Anhang 273

Vorwort

Wir sind auf Erden, um wieder göttlich zu werden.
Christus hat in unserer Zeit erneut eine Christliche Mysterienschule ins Leben gerufen. In dieser Hohen Schule des Geistes Gottes auf Erden lehrt Sein Diener, der Cherub der göttlichen Weisheit – auf Erden Bruder Emanuel genannt –, über das Prophetische Wort den unmittelbaren und kürzesten Weg zu Gott.

Die Prophetin Gottes, unsere Schwester Gabriele, ging uns diesen steilen und direkten Pfad zu Gott voraus, den Weg der Läuterung und Reinigung, den Weg zum kosmischen Bewußtsein, zur bewußten Einheit mit Gott. Sie hatte dabei vieles zu durchleben und zu durchleiden. Darum kann sie uns auch in allem verstehen und uns bei unserer Entwicklung beistehen – auf unserem Weg in die ewige, himmlische Heimat.

In der Schulung des Inneren Weges, Stufe des Ernstes, erhält der Wanderer zum reinen Sein sowohl Unterweisungen aus Offenbarungen unseres Geistigen Lehrers Bruder Emanuel als auch Erläuterungen, Hinweise und geleitende Worte aus dem erschlossenen geistigen Bewußtsein unserer Schwester Gabriele, die verschiedenen Schulungsstunden entstammen.

Auf der ersten Stufe des Inneren Weges, der Stufe der Ordnung, haben wir gelernt, unsere Gedanken zu ordnen, unsere Rede zu zügeln, unsere Sinne zu verfeinern und diese nach innen zu wenden. Dadurch haben wir in unserer Gedanken- und Empfindungswelt und in unserem Leben Ordnung geschaffen.

Auf der zweiten Stufe des Inneren Weges, der Stufe des Willens, sind wir sensitiver und durchlässiger für die geistigen Kräfte geworden. Das Gewissen reagiert intensiver und läßt uns die verschiedenen Aspekte unseres Eigenwillens, des niederen, kleinen Ichs, erkennen. Die gezielten Aufgaben und Übungen auf der Willensstufe halfen uns, unser Wollen Schritt für Schritt abzubauen. Dadurch war und ist es dem Herrn möglich, uns immer mehr über unsere Empfindungen und Gefühle spüren zu lassen, was Sein Wille ist, und wir haben weitgehend die rechte Konzentration im Sinne des göttlichen Willens erlernt.

Durch die Bemeisterung unseres Menschlichen wurden wir weitgehend frei von der Fessel der Ichbezogenheit; unser geistiger Horizont weitet sich, Klarheit und Stille zogen ein.

Wir beschritten die Stufe der Weisheit, um unser geistiges Bewußtsein weiter zu entfalten und mehr und mehr selbstlos zu werden, um Gott und unseren Mitmenschen umfassender dienen zu können.

Die Verwirklichung der bisher von uns erfaßbaren göttlichen Gesetze schloß uns für das Innere Leben auf, so daß wir nun spürbar vom Geistbewußtsein, dem Inneren Helfer und Ratgeber, geführt werden. So vermögen wir unserem Nächsten aus unserem erschlossenen geistigen Bewußtsein zu geben und zu helfen. Eine weitere Voraussetzung hierfür ist, daß wir kaum noch werten und urteilen; dadurch schauen wir unsere Nächsten so, wie sie sind, und sehen sie nicht nur, wie sie scheinen.

Durch konsequente Verwirklichung tauchen wir immer mehr in die Erfüllung der ewigen Gesetze ein, in ein Leben der selbstlosen Tat.

Auf der Stufe des Ernstes zeigen sich die Früchte der Erfüllung durch ein Leben im Geiste Gottes, im Dienste der Menschheit. Der standhafte, souveräne, der unpersönlich, klar und geradlinig denkende und handelnde Mensch ist weitgehend frei von drängenden Wünschen, von Sorgen und Wollen für sich selbst. Ganz auf das Göttliche, das ewige Ich Bin, ausgerichtet, empfängt er von dort die Impulse für sein Leben. Er erfaßt in allem das Wesentliche, sieht das Positive und baut darauf auf, er erkennt das Gesetzmäßige und wendet es an. So kann Gott, das Gesetz, mehr und mehr durch diesen Diener der Menschheit wirken; dadurch wird der Mensch des Geistes zum Miterbauer des Reiches Gottes auf dieser Erde. Zugleich wird er durch ein bewußtes Leben in der Selbstkontrolle frei von noch vorhandenen menschlichen Restprogrammen und löst sich so aus dem Rad der Wiederverkörperung.

Haben wir die Bewußtseinsstufe des göttlichen Ernstes erschlossen, sind wir im Geiste der selbstlosen, dienenden Liebe herangereift und im göttlichen Bewußtsein erwacht, dann empfangen wir von Christus die göttliche Weihe. Unser göttlicher Bruder selbst führt uns über unser lichtes Inneres in die Vollendung, in das Herz des ewigen Vaters.

Jedem Willigen, der diesen christlich-mystischen Pfad der Liebe zu Gott gehen möchte, wird dieses göttliche Geschenk angeboten. Und jeder kann sich frei entscheiden. Nur: Er sollte sich wirklich entscheiden und dann diesen Weg auch mit ganzem Herzen – aus Liebe zu Gott – beschreiten. Denn: Wir sind auf Erden, um göttlich zu werden.

Auch an dieser Stelle sei dringlich darauf hingewiesen, daß mit diesem Buch, „Stufe des Ernstes", nur gearbeitet werden sollte, wenn die Lehren, Lektionen, Aufgaben, Übungen und Hinweise der Stufen Ordnung, Wille und Weisheit gewissenhaft durchgeführt wurden – und zwar in der Weise, wie sie in den genannten Schulungsbüchern aufgezeigt sind – und wenn der Schulungsstoff im Denken und Leben des Gottzustrebenden verwirklicht wurde. Nur so schafft der Schüler auf dem Weg zu Gott die Voraussetzungen, auch die Lehren und Aufgaben dieses Buches in rechter Weise umsetzen zu können, denn dann hat er die erforderliche geistige Reife, den Reinheitsgrad seiner Seele und seines Menschen erlangt. Wir bitten den Leser dieses Buches, auch das Geleitwort von Bruder Emanuel, in welchem er auf die Gefahren hinweist, aufmerksam zu lesen und zu beachten.

*Die Christusfreunde
im Universellen Leben*

I.
*Der Innere Weg
im
Universellen Leben*

Wichtige Hinweise zur Beachtung

Lieber Bruder, liebe Schwester!

Wer die Stufe des Ernstes betreten möchte, der sollte sowohl die Kriterien für die beiden Meditationskurse als auch die Kriterien für die Stufe der Ordnung, für die Stufe des Willens und für die Stufe der Weisheit erfüllen.

Ehrlichkeit zu uns selbst ist erforderlich, damit wir sicheren Schrittes, geführt von unserem Bruder, Führer und Erlöser, Christus, auf dem Weg zu Gott voranschreiten. Fragen wir uns daher gewissenhaft:

Haben wir die Aufgaben und Lektionen auf dem Inneren Weg ernsthaft und konsequent durchgeführt?

Sind wir über Selbsterfahrung und Verwirklichung der uns gelehrten göttlichen Gesetze in die Erfüllung eingetreten?

Leben wir schon in der inneren Stille und Harmonie?

Haben wir die Stufen der Ordnung, des Willens und der Weisheit erfolgreich durchschritten, dann sind auch unsere Gedanken, Gefühle und Sinne, unser ganzes Wesen weitgehend auf das Göttliche ausgerichtet.
Überdenken wir also unser Leben, unsere Gefühle, unsere Empfindungen, unsere Gedanken und unsere Reden, unsere Neigungen und Regungen:

Können wir mühelos unsere Gedanken ordnen, unsere Rede zügeln und unsere Sinne bemeistern?

Stützen wir uns noch auf unser intellektuelles Denken? Sind wir zu Herzdenkern geworden, die mehr fühlen und erfassen als zerpflücken?

Haben wir auf der Stufe des Willens die rechte Konzentration – gemäß dem Wort: Was ich tue, das tue ich ganz – erlernt?

Ist unsere Vergangenheit bereinigt? Oder beschäftigen uns noch Aspekte aus der Vergangenheit?

Haben wir noch Schwierigkeiten, das auszusprechen, was wir denken?

Stimmen unsere Worte mit unseren Empfindungen und Gefühlen überein?

Sind wir frei von wertenden und abwertenden Empfindungen und Gedanken?

Sind wir frei von Bindungen und Erwartungen an unsere Nächsten?

Erfüllen wir Tag für Tag in allen Situationen die uns gelehrten Facetten des göttlichen Gesetzes?

Sind wir in der Lage, unseren Nächsten zu erfassen – so, wie er ist, und nicht, wie er scheint?

Haben wir schon die Fähigkeit entwickelt, das herauszuhören, was unser Nächster tatsächlich empfindet und denkt, und haben wir durch die Verfeinerung unserer Sinne die Gabe, auf ihn weitgehend unpersönlich einzugehen, gemäß seinem Bewußtseinsstand?

Leben wir schon weitgehend mit allen in innerer Verbundenheit und Harmonie?

Pflegen wir immer noch unsere Probleme und Schwierigkeiten, indem wir über sie reden oder über sie nachdenken?

Haben wir vom Wissen zur Weisheit gefunden?

Ist unser Bewußtsein ein leuchtender Kristall?

Wer die genannten Kriterien weitgehend erfüllt, wer also bei der Beantwortung der vorstehenden Fragen mit einer positiven Bilanz abschließen kann, der wird weitgehend unbelastet die Aufgaben des Tages mit der Kraft Christi erfüllen. Er wird mehr das große Ganze im Bewußtsein haben, nicht seine persönlichen Belange. Er wird in das innere Gemeinschaftsleben, in die Bruderschaft Christi, eintreten und dem großen Ganzen dienen, da sein geistiges Bewußtsein mehr und mehr allbewußt ist.

Gott zum Gruß!

Zum Geleit

Erkenne dich selbst.

Wer die vorausgehenden Bewußtseinsstufen des Inneren Weges (die Stufen der Ordnung, des Willens, der Weisheit) zum Reiche Gottes, das inwendig in jedem Menschen ist, beschritten hat – oder wer aufmerksam die entsprechenden Bücher des Inneren Weges gelesen hat –, der weiß, welche Gefahren das irdische Leben mit sich bringt – dann, wenn der Mensch nicht konsequent sein Dasein in der Lebensschule auf dieser Erde meistert. Jeder gottferne Gedanke birgt Gefahr in sich, denn er zieht Gleiches und Ähnliches an. Der Mensch, der diese negativen Kräfte aussendet, kann von gleichen und ähnlichen Kräften beeinflußt werden.

Jede Inkonsequenz hat also ihre Folgen, ob es im Alltag ist – z.B. in der Familie oder im Beruf, am Arbeitsplatz – oder auf dem Inneren Weg; denn auch auf diesem lauern Gefahren, wenn der Mensch den Pfad zu Gott nicht konsequent und gewissenhaft beschreitet.

Das Absolute Gesetz beruht auf dem Prinzip „Geben und Empfangen", auch „Senden und Empfangen" genannt.

Der Widersacher verwendet das gleiche Prinzip, nur umgepolt. So entstand das Kausalgesetz, das Gesetz von Saat und Ernte. Es lautet: Was der Mensch sät – gleich sendet –, das erntet, das empfängt er.

Da also der Mensch das empfängt, was er zuvor ausgesendet hat, rate ich, Bruder Emanuel, der Cherub der göttlichen Weisheit, der Verantwortliche im Werke des Herrn, jedem Menschen, auf seine Empfindungs- und Gedankenwelt ebenso zu achten wie auf seine Worte und Handlungen.

Die Gefahren lauern im Leben jedes Menschen in der Welt seines ichbezogenen Fühlens, Empfindens, Denkens, Sprechens und Handelns. Das gegensätzliche Prinzip, der Widersacher, ist in ständiger Warteposition, um die Menschen zu verführen. Er schleicht sich geschickt, oftmals mit logischen Argumenten in die Gefühle, Empfindungen, Gedanken, Worte und Handlungen des Menschen, auch in die menschlichen Sinne, ein, um über sie Einfluß zu nehmen.

Durch den Inneren Weg – den der Mensch konsequent gehen muß, um aus der Gefahrenzone der Beeinflussung herauszugelangen – verwandelt sich sein Leben: Der Mensch wird positiv, weil er sich auf den Christus-Gottesgeist ausrichtet, der in jedem Menschen wohnt; somit widersagt er den Einflüssen. Diese Ausrichtung auf den Geist des Lebens bewirkt, daß der Mensch die Gesetze des Inneren Lebens kennenlernt und sie an sich selbst anwendet. Durch die konsequente Hinwendung zu dem Inneren Licht ordnet der Mensch sein Leben, um den Willen Gottes zu erfüllen; er reinigt seine Seele und gelangt so aus der Gefahrenzone heraus, in welcher er von negativen Kräften beeinflußt wird.

Von einem Evolutionsschritt zum anderen reifen sodann Seele und Mensch dem Inneren Leben entgegen. Dadurch wird der Mensch von Zwängen, Abhängigkeiten und von Intoleranz frei.

Wer auf dem Inneren Weg die Bewußtseinsschritte von der Ordnung zum Willen und zur Weisheit noch nicht getan hat, dem rate ich ab, das Buch der Bewußtseinsstufe des Ernstes durchzuarbeiten. Es ist möglich, daß er die Zusammenhänge, die Lehren und Lektionen der Bewußtseinsstufe des Ernstes nicht erfaßt und demzufolge Kräfte anzieht, die ihn dann beeinflussen.

Da ich, Bruder Emanuel, der verantwortliche Diener im Werk des Herrn bin, mahne ich immer wieder und weise ganz besonders auf die Gefahren hin, die entstehen, wenn der Innere Weg nicht konsequent beschritten wird und wenn die ersten drei großen Schritte – Ordnung, Wille und Weisheit – noch nicht vollzogen sind.

Jeder kann sich im Buch des Ernstes, das den vierten großen Schritt hin zum ewigen Gesetz beinhaltet, informieren. Er sollte jedoch keine Übungen durchführen, bevor er die erforderliche geistige Reife erlangt hat.

Zur weiteren Erkenntnis: Das Lesen des Inneren Weges führt den Menschen nicht in den Himmel, in das Innere Leben, in das Gesetz, Gott. Nur die Selbsterkenntnis, das Ablegen des Sündhaften und die Verwirklichung der ewigen Gesetze erschließen der Seele und dem Menschen die Himmel. Nicht das Lesen, sondern das Tun ist entscheidend.

Mögen viele Menschen die Schritte hin zum Königreich des Inneren vollziehen, auf daß es auf Erden ähnlich wie im Himmel werde.

Gott zum Gruß
Bruder Emanuel

Stufe des Ernstes

Jetzt ist Friede in uns, weil Gottes Ordnung, Wille und Weisheit uns durchglühen

Unsere Schwester Gabriele begrüßte uns:

Gott zum Gruß, lieber Bruder, liebe Schwester, Friede!

Wahrhaft Friede in uns und durch uns!
Friede mit unserem Nächsten, mit unserer Umwelt, mit der ganzen Schöpfung!

Liebe Geschwister, ist wahrhaft Friede, innerer Friede, in uns, dann strahlen wir ihn auch aus. Über den inneren Frieden und mit dem inneren Frieden treten wir mit dem Sein, mit der Unendlichkeit, in Kommunikation.
Um diesen allumfassenden Frieden zu erlangen, müssen wir Frieden mit unserem Nächsten haben in unseren Gefühlen, Empfindungen, Gedanken, Worten und Taten. „Friede mit unserem Nächsten" bedeutet: Das Göttliche unseres Nächsten – seine positiven Aspekte – ist in unserem Seelengrund lebendig. Wir sehen nicht nur auf unseren Nächsten – wir nehmen ihn in uns auf und erleben ihn tief in unserem Seelengrund.
Verwirklichen und erfüllen wir den Frieden mit unserem Nächsten, so weitet sich der Horizont unseres geistigen Bewußtseins. Wir erfahren den Frieden mit unserer Umwelt und sind erfüllt.

„Friede mit unserer Umwelt" heißt: Friede mit allen Menschen, mit der Natur und aller Kreatur. Alle Menschen sind Gottes Kinder. Jeder trägt in sich den göttlichen Funken. Ist der göttliche Funke unseres Nächsten auch in uns lebendig, dann haben wir zu unseren Mitmenschen – ob wir sie im Äußeren kennen oder nicht, ob sie uns im Äußeren nah oder fern sind – eine positive, friedvolle Kommunikation. Wir sehen sie als einen Teil von uns.

Zur Umwelt gehören auch die Tiere, die Pflanzen, Bäume, Sträucher, alle Arten von Naturformen, auch die Steine. In der uns sichtbaren materiellen Hülle einer irdischen Lebensform ist deren Geistkörper. Dieser geistige Teil – das Bewußtsein des Tieres, das Bewußtsein der Pflanze oder des Steines – ist ein Baustein unseres geistigen Leibes. Denn das Geistige in allen Lebensformen ist als Strahlung wiederum ein Teil unseres geistigen Leibes.

Diese geistigen Aspekte unseres Wesens sind noch durch unser menschliches Ich verschattet. Sie müssen in uns offenbar werden. Dann haben wir die tiefe, geistige, göttliche Kommunikation, die tiefe Verbindung zu unserem Nächsten und zu Tieren, Pflanzen und Steinen. Nur dann sind wir mit der Umwelt in Harmonie – letztlich mit der ganzen Schöpfung, auch mit den Gestirnen. Auch sie sind Schöpfungskräfte Gottes, deren Essenz ein Teil unseres Geistleibes ist.

Alles in allem – das ganze All, als Essenz gesehen – muß in uns aktiv sein. Dann ist Friede in uns.

Sind die Aspekte des Universums in uns aktiv, dann stehen wir in Kommunikation mit allem Sein, mit dem

Göttlichen in jedem Menschen, in den Tieren, den Pflanzen, in den Mineralien und auch in den Gestirnen. Wir werden dann das ewige Sein in allem erfühlen und wahrnehmen, denn alles Reine ist eine Offenbarung Gottes, die sich dem Gottzustrebenden offenbart. Diese Wahrnehmung aus dem Seelengrund ist die Sprache Gottes aus Menschen, Tieren, Pflanzen, Mineralien, Steinen und Planeten. Dann ist Friede in uns!

Das Wort „Friede" hat in sich das große Ein- und Durchatmen und ein Ausatmen all dessen, was uns belastet und somit gebunden hat.
Menschen, die den inneren Frieden haben, sind diszipliniert und konzentriert und jeweils auf die Situation bezogen. Dadurch werden sie weder von ihrer noch bestehenden Menschlichkeit noch vom Äußeren, von der Welt her, gedrängt. Sie lassen sich auch nicht drängen, denn was wesentlich ist, das tun sie. Menschen im Bewußtsein der göttlichen Kraft leben mehr und mehr in der Erfüllung der ewigen Gesetze. Ihr Atemrhythmus ist ruhig und harmonisch, denn sie haben ihre Belastungen – all das, woran sie gebunden waren – weitgehend bereinigt, gleichsam ausgeatmet.
Ist der Mensch weitgehend frei von drängenden Belastungen, dann ist er still geworden. Er atmet ruhig und tief, weil der innere Friede in ihm lebendig ist.

Es ist Friede in uns, weil Gottes Ordnung, Gottes Wille und Gottes Weisheit uns durchglühen.
Die innere Glut ist die Bewußtheit des gotterfüllten Menschen, die alles, was er fühlt, empfindet, denkt und

spricht, in die Ordnung Gottes stellt und in Seinen heiligen Willen. Dadurch erlangt er Weisheit. Denn wer sich täglich bemüht, das, was er denkt, was er spricht, was er tut, in die Ordnung und in den Willen Gottes zu stellen, der wird sehr bald Gottes Führung erkennen, der ihn zur Bewußtseinsstufe der göttlichen Weisheit geleitet. Dann wird ihm mehr und mehr die göttliche Intelligenz zugänglich. Der Intellekt und das Verlangen nach immer mehr Wissen schwinden, weil in ihm Gottes Weisheit aktiv wird.

Ist der Mensch durchglüht von der Ordnung und dem Willen Gottes, dann ist ihm auch vieles bewußt, weil ihm Gott nahe ist. Durch Gott, das innere Glühen, kann ein Mensch zum Leuchtturm für viele werden. Gottes Ordnung, Gottes Wille und Gottes Weisheit strahlen durch ihn – und der Nächste, der sich ebenfalls nach der Erfüllung der Gesetze Gottes sehnt, nach Seiner Ordnung, nach Seinem Willen und nach Seiner Weisheit, kann sich an einem solchen Menschen entzünden.

Den Menschen auf der Stufe des Ernstes kennzeichnen Offenheit, Souveränität, Geradlinigkeit und Ernsthaftigkeit

Gabriele:

Wir haben nun die Stufe des göttlichen Ernstes betreten.

Die Masken unseres menschlichen Ichs, das Wechselspiel zwischen äußerer Freude und Trübsal, Enthusiasmus und bitterem Ernst sind von uns abgefallen. Unser Antlitz strahlt Offenheit und Souveränität aus.

Der Mensch des Geistes braucht keine Masken mehr; das heißt, er muß seine Gedanken nicht verschleiern, weil sie gesetzmäßig, also göttlich sind und jedem offenbar sein können.

Ist der Mensch in dieses Bewußtsein eingetaucht, in die Offenheit und die Souveränität, dann strahlt er die innere Freude aus. Trübsal, Enthusiasmus und der bittere Ernst sind von ihm gewichen, weil er in der Gottnähe lebt. Und Gott ist Freude. Gott ist Friede. Gott ist Liebe. Er ist Gleichmaß. Er ist auch die Ernsthaftigkeit.

Mit der Ernsthaftigkeit erfassen wir alle Dinge des Lebens. In der Ernsthaftigkeit liegt auch die Geradlinigkeit. Wir denken nicht mehr da- und dorthin; unsere Gefühle, Empfindungen, Gedanken und Worte sind in Übereinstimmung, so daß wir konzentriert denken, sprechen und somit leben können.

Die geistige Souveränität ist das Zurücknehmen des Menschlichen: Wir antworten nicht gleich spontan, sondern nehmen uns zuerst zurück, verweilen in unserem Inneren und geben aus unserem Inneren heraus die Antwort. Dadurch lernen wir, mehr und mehr über den Dingen des Alltags zu stehen und die Schwierigkeiten oder Probleme – einerlei, was auf uns zukommt – mit unserem erschlossenen Bewußtsein anzugehen und zu bereinigen.

Offenheit besagt: Wir brauchen nichts zu verschleiern. Warum auch? Erfüllen wir mehr und mehr die Gesetze Gottes, beziehen wir Seine heilige Ordnung, Seinen Willen und Seine Weisheit mehr und mehr in unser Leben ein, in unser Fühlen, Empfinden, Denken und Wollen, dann können wir auch alles unpersönlich ansprechen und aussprechen.

Souveränität und Offenheit gebieten, daß wir uns zurücknehmen – daß wir zuhören, um dann auch die richtige Antwort oder die richtige, also gesetzmäßige Frage formulieren zu können. Mit der Zeit werden wir die entsprechenden Formulierungen finden; denn der geistige Mensch hat eine ganz andere Sprache als der Weltmensch; sie ist unpersönlich.

Der geistige Mensch stellt zu Situationen Fragen; er sagt dem Nächsten nicht auf den Kopf zu, was bei ihm nicht in Ordnung ist. Die Worte des geistigen Menschen sind ein Hineinfühlen, ein Einfühlen in den Nächsten, auch zuerst einmal ein vorsichtiges Abtasten, bis der Nächste durch Fragen oder durch ein Gespräch sich so weit öffnet, daß der geistige Mensch ihn dann tief zum Wurzelwerk der Situation führen kann, so der Nächste dies wünscht.

Obwohl unser Leben ernsthaft ist, erfaßt uns doch nicht mehr der bittere Ernst, den wir mit einem aufgesetzten Lächeln überspielen wollten.

Menschlicher Ernst präsentiert sich in Verbitterung, Verbissenheit und Unnachgiebigkeit, weil wir, die Menschen, nicht das erreicht haben, was unseren Vorstellungen entsprach:

Der Mensch stellt sich etwas vor, das er dann in Gedanken bewegt und dem er mit aller menschlichen Kraft nachgeht. Das heißt, er möchte seine Vorstellungen unter allen Umständen und trotz aller Widrigkeiten verwirklichen. Gelingt ihm dies nicht, dann stellt er sich selbst ein Bein und fällt darüber. Das Resultat ist dann Enttäuschung, Verbitterung und Verbissenheit. Das alles hat mit wahrer Ernsthaftigkeit nichts zu tun.

Wollen wir unter allen Umständen und trotz aller Widrigkeiten unsere Vorstellungen verwirklichen, dann wird unsere Atmung kurz, weil unsere Wunschwelt uns bedrängt. Wir haben dann keinen inneren Frieden, denn wir haben noch wenig Verwirklichung. Wir sind also noch nicht auf der Stufe der Tat, der Weisheit, angelangt, geschweige denn auf der Stufe des Ernstes.

Unpersönliches Leben ist Selbstlosigkeit, Achtung, innere Stärke und innere Freude

Gabriele:

Der Ernst als göttliche Wesenheit zeigt sich in einem geistig ernsthaften, klaren, lichten und von innerer Freude durchdrungenen Leben. Er macht Menschen souverän: Sie haben innere Stärke; ihr Wesen ist unpersönlich; es wird nicht überzeugen, es wird nicht kommandieren, es wird die Mitmenschen nicht umstimmen wollen. Es ist eine überirdische Sicherheit, die von innen kommt, ein Gleichklang der Kräfte. Ein Weltmensch kann solche Menschen nicht erfassen, sie sind für ihn unergründbar.

Freude durchdringt den Menschen, der sich der Stufe des Ernstes nähert oder auf der Stufe des Ernstes lebt, weil er das Leben durchdringt. Das bedeutet: Der geistige Mensch durchschaut seine Mitmenschen, denn er erkennt alle Dinge und Geschehnisse in der Tiefe. Er schaut die Wurzel, weiß also, woher die Dinge und Geschehnisse kommen, was zugrunde liegt. Ihm ist nichts fremd und nichts verborgen. *Er weiß, er lebt in Gottes Hand, geführt vom Licht der Liebe.* Das bewirkt die innere Freude und macht den Menschen souverän.

Solche Menschen haben innere Stärke. Warum? Weil ihnen nichts mehr verborgen ist, weil sie in die Tiefen der Probleme und Schwierigkeiten blicken, weil sie den Menschen durchschauen, weil sie nichts und niemanden mehr abwerten, sondern in allem den göttlichen Wert und den göttlichen Funken erkennen, die Gesetzmäßigkeit, die allem, was auf den Menschen zukommt, zugrunde liegt. Daraus ergibt sich die Achtung vor dem Nächsten und die Hochachtung vor dem Göttlichen in ihm.

Menschen im Geiste Gottes sind unpersönlich. Ein geistiger Mensch, der sich der Stufe des Ernstes nähert oder auf der Stufe des Ernstes lebt, kann deshalb unpersönlich sein, weil er sein Persönliches, das niedere Ich, weitgehend überwunden hat. Er lebt mehr und mehr das Gesetz Gottes, das unpersönlich ist. *Seine Gefühle, Empfindungen und Gedanken sind göttlichen Ursprungs.*

Der geistige Mensch, dessen Leben unpersönlich ist, wird niemals andere – z.B. von seinem Glauben – überzeugen wollen; er will sie nicht davon überzeugen, daß das, was er in der Tiefe gefunden hat, die Wahrheit ist. Er weiß, daß er in der Wahrheit lebt und daß er die Wahrheit spricht – und die Wahrheit gibt Zeugnis, *will jedoch nicht überzeugen.*

Der wahre Weise wird auch seinen Nächsten nicht kommandieren, weil *jeder Mensch den freien Willen* besitzt. *Der geistige Mensch wird den freien Willen seines Nächsten wahren.* Er hat die Sprache des Geistes und wird kurz erklären, was entsprechend den Gesetzmäßigkeiten gut wäre. Doch was gut ist, *muß der Nächste nicht tun. Der Weise läßt ihm den freien Willen, die freie Entscheidung.*

Er will auch keinen Menschen umstimmen, um nicht in das Gesetz des freien Willens einzugreifen. Es ist ihm ein Anliegen, daß sich seine Mitmenschen auf Gott einstimmen – so, wie er auf Gott eingestimmt ist. Deshalb wird er Vorbild sein und niemals kommandieren und umstimmen wollen.

Eine überirdische Sicherheit geht von einem Menschen aus, der im Göttlichen lebt. Diese überirdische Sicherheit ist die Selbstlosigkeit, die von innen kommt. Der geistige Mensch ist in Einklang und Gleichklang mit den kosmischen Kräften. Das heißt, er steht in beständiger Kommunikation mit dem ewigen Gesetz, aus dem er spricht, aus dem er gibt.

Für einen Weltmenschen sind solche Menschen unergründbar. Er kann sie nicht verstehen – sie sprechen eine andere Sprache. Der auf die Welt bezogene Mensch kann sie kaum fassen, weil er erlebt, daß sie keine drängenden Gedanken haben, frei sind von den menschlichen Regungen, Wünschen und Sehnsüchten, die den Weltmenschen bewegen und sein Leben so unruhig gestalten. Gotterfüllte Menschen ruhen in Gott und stehen in Gott – das ist für so manchen Menschen unfaßbar.

Aus dem engen Gesichtskreis des nach außen orientierten Menschen gesehen, erscheint der geistige Mensch unoffen, unnahbar, oft auch lieblos, denn das Unpersönliche dient und schmeichelt nicht dem Menschlichen; der geistige Mensch begibt sich nicht auf die Kommunikationsebene des menschlichen Energieaustausches. Der Weltmensch würde sagen: Ein solcher Mensch ist mir nicht geheuer.

Der im Geiste Gereifte
lebt und wirkt mit den Kräften Inneren Lebens,
mit seinem geistigen Bewußtsein

Gabriele:

Menschen, die den göttlichen Ernst in sich erschlossen haben, strahlen aus, was sie denken und leben: die Facetten des ewigen Gesetzes, Gott, die für sie offenbar sind. Sie müssen nicht mehr glauben, denn sie haben das geistige Wissen über die ewigen Gesetze so weit verwirklicht, wie sie ihnen dann auch offenbar sind. Sie erfassen diese in den wesentlichen Abläufen des irdischen Lebens.

Was diese Menschen erspüren und schauen, vollzieht sich in ihrem Inneren. Ihren inneren Erkenntnissen folgend, handeln sie auch. Sie kennen also weitgehend das Wirken der ewigen Gesetze in allen Dingen und Geschehnissen des Lebens und auch deren Anwendung. Ihr Bewußtsein ist wieder so weit erschlossen, daß sie dem universellen Gesetz, Gott, nahegekommen sind.

„Sie strahlen aus, was sie denken und leben" heißt: Ihre ganze Erscheinung ist offen, klar und souverän. Ihre Worte sind durchdrungen von der Strahlung Gottes. Sie handeln konzentriert und bewußt. Ihre Bewegungen sind harmonisch. Sie stehen in Gleichklang mit den kosmischen Kräften.

Jeder Mensch strahlt aus, was er denkt und lebt. Denn: Was wir denken und reden, wie wir also leben, das zeichnet uns. Wer die Körpersprache zu erfassen gelernt hat, der weiß, was Menschen empfinden und denken, denn die Sprache des Körpers ist der Spiegel der Empfindungen und Gedanken.

So strahlt der Mensch auch die Kräfte seiner Verwirklichung aus, die Klarheit in seinem Denken, Reden und Tun. Hat er die Gottnähe erlangt, dann spiegeln sich im Menschen die Facetten des ewigen Gesetzes, Gott, wider.

Wer über die Gesetze Gottes hört und sie in seinem Leben noch nicht anwendet, der muß sagen: „Ich glaube daran" oder: „Ich glaube nicht." Glauben ist etwas Vages. Der Mensch kann es nicht erfassen, er muß es so nehmen, wie es gesagt ist.

Wer hingegen die göttlichen Gesetze – z.B. die göttliche Ordnung, den göttlichen Willen, die göttliche Weisheit – weitgehend verwirklicht hat, braucht nicht mehr zu glauben; er lebt in dem, was er verwirklicht hat, und das ist für ihn Realität. Er hat es im täglichen Leben erprobt und weiß, daß die geistigen Gesetze dem Menschen dienen. Er braucht also nicht mehr zu glauben – er weiß.

Doch das, was ein Mensch weiß, kann er seinem Nächsten niemals „weismachen", so daß dieser weise wird. Er kann wohl von sich sprechen: daß er die ewigen Gesetze erfüllt und daß es ihm dadurch gutgeht; daß er freudig ist; daß er glücklich und dankbar ist; daß er die Tiefen in allen Dingen schaut; daß er erfaßt, was im Problem oder in einer Schwierigkeit oder in Gesprächen zugrunde liegt. Doch er kann es nicht auf seinen Nächsten übertragen – dieser muß es erlernen, so, wie er selbst es auch erlernt hat. Auch der Nächste muß vom Glauben zur göttlichen Weisheit gelangen – eben durch die schrittweise Verwirklichung.

Der im Geiste Herangereifte wendet also die ewigen Gesetze an. Mit den Kräften Inneren Lebens lebt und wirkt er, auch im täglichen Leben, an seinem Arbeitsplatz.

Kommt auf einen noch weltbezogenen Menschen eine Arbeit zu, dann wird er sie nach seinem menschlichen Wissen und nach seinen menschlichen Fähigkeiten ausführen. Der geistige Mensch jedoch wird sich zurücknehmen; er wird mit den ewigen Gesetzen diese Arbeit erfüllen. Dann erfaßt er auch Details und führt sie aus, die ein anderer, der nur mit seinen menschlichen Fähigkeiten an die Arbeit geht, gar nicht sieht. Er findet in dem Werkstück, in dem, was vor ihm liegt, viel mehr Aspekte als ein Mensch mit engem Bewußtsein; er arbeitet sie heraus. Der Weltmensch wird gleichsam einen groben Meißel nehmen, der geistige Mensch einen feinen Meißel.

Ich wiederhole: Der Weltmensch wird oftmals nach seinen gewohnten Programmen verfahren. So, wie diese ihm geläufig sind, wird er immer wieder die Arbeit durchführen, seinen Programmen entsprechend. Der geistige Mensch wird mit den positiven Kräften in der Arbeit kommunizieren, auf die Situation eingehen und das herausholen, was momentan angemessen und möglich ist.

Das gleiche gilt, wenn ein Schriftstück zu erfassen und zu beantworten ist. Der Weltmensch überfliegt es, und er bleibt an den Passagen haften, die ihn erregen oder die ihn ansprechen. Der geistige Mensch arbeitet mit seinem geistigen Bewußtsein – er sieht viel tiefer. Er holt ganz andere Aspekte heraus; er wird auch den Brief oder das Schriftstück anders bewerten und die Antwort entsprechend verfassen.

Was der geistige Mensch erspürt und schaut, vollzieht sich immer im Inneren. Der Weltmensch blickt nur auf die Schale – der geistige Mensch erfaßt den Kern.

Das heißt also: In allem, was auf uns zukommt, blicken wir entweder auf die Schale, oder wir erfassen den Kern. Blicken wir nur auf die Schale eines Problems, dann wird es schal. Blicken wir in den Kern, dann wird das Problem lebendig und zeigt uns auf, wie wir es lösen können.

Da der geistige Mensch immer auf den Kern und nicht auf die Schale blickt, kann er nicht getäuscht werden.

Die Voraussetzung, um auf den Kern der Probleme, Schwierigkeiten und Angelegenheiten zu kommen, ist, in Gott zu leben. Wir leben dann in Gott, wenn wir die Weisheit Gottes erschlossen haben. Die Weisheit Gottes im Menschen weiß um alle Dinge. Daher weiß der Mensch, der in der Weisheit Gottes lebt, um viele Dinge; denn er erfaßt den Kern in allem – und der Kern ist das Göttliche, mit dem er in Kommunikation steht.

Der geistige Mensch weiß um die geistigen Gesetzmäßigkeiten in den Dingen, in den Situationen, die sodann im Äußeren, entsprechend den Möglichkeiten des irdischen Lebens, angewandt werden können. Dazu braucht er unter Umständen das Fachwissen eines Menschen, z.B. über die Wirtschaftlichkeit im Betrieb. Er braucht das Fachwissen eines Arztes, eines Technikers, eines Ingenieurs. Diese Fachleute setzen die geistige Erkenntnis, den geistigen Impuls, in die menschliche Sprache, in die Gegebenheiten unserer Zeit, in unser Leben, in die Materie um. Das Geistige jedoch ist das Aktive in dem, was nun der Handwerker, der Ingenieur, die Fachkraft ausführt.

Der geistige Mensch ruht in Gott, im ewigen Gesetz. Der Kampf mit dem menschlichen Ich ist beendet

Gabriele:

Menschen auf der Stufe des göttlichen Ernstes ruhen weitgehend in Gott, dem ewigen Gesetz. Ihr Inneres – ihre Seele – beginnt nicht nur täglich mehr zu erblühen, es zeigt auch auf mannigfache Art und Weise die Früchte innerer Reife. Der Mensch ahnt es, und die Seele in diesem Bewußtsein weiß zugleich, daß sie als Wesen aus Gott immer mehr in das absolute, ewige Gesetz eintaucht, in den allumfassenden Ozean, Gott. Von dort ist sie als Wesen aus Gott gekommen, dorthin kehrt sie als Tropfen zurück, als Sein im Sein, als Wesen aus Gott.

Mit der Kraft Christi haben sich Seele und Mensch weitgehend besiegt. Der Kampf mit dem menschlichen Ich ist beendet; Seele und Mensch haben Gott erwählt; Gott ist ihr Leben. Sie ruhen in Ihm.

Wir ruhen dann in Gott, wenn wir uns der Allgegenwart Gottes sicher sind, Seiner Gegenwart in uns: Wir wissen, daß uns der Geist Gottes durchglüht. Wir wissen, daß uns der Geist Gottes führt und daß die sprudelnde Quelle, Gott, immer bereit ist, uns zu helfen und zu dienen – wie auch wir bereit sind, in jedem Augenblick Gottes Willen zu erfüllen.

Dann erblüht unsere Seele; sie öffnet sich mehr und mehr. Das geistige Leben, die geistige Dynamik, das Schöpferische, wird mehr und mehr aktiv. Der Mensch reift heran.

Die innere Quelle ist ein ewig sprudelnder Quell mit unzähligen Weisheiten*, die der reifende Mensch Tag für Tag neu entdeckt und wieder aus einer ganz anderen Perspektive kennenlernt.*

Ein geistiger Mensch ist dynamisch. Er ist sich der inneren Kraft sicher. Er bekommt auf alles Antwort, weil die Antwort in allem ist. Er braucht nicht zu fragen, was ihm der Tag bringt. Er weiß: In allem, was ihm der Tag bringt, ist wieder Gott – er steht somit mit dem, was der Tag bringt, schon vorher in Kommunikation. Er wird dann keine Überraschungen erleben – er i s t in Gott.

Der geistige Mensch zeigt die Früchte innerer Reife – im geistigen Tun, in der Erfüllung des Gesetzes Gottes.

Dieser Mensch ist immer schöpferisch für seinen Nächsten tätig – sei es als Lehrer, sei es, daß er etwas schreibt, etwas gestaltet und formt oder etwas anregt und in die Wege leitet. Immer wirkt er für den Nächsten, auf das Gemeinwohl bedacht und auf Gott ausgerichtet. **Er kennt keine Trägheit, keine Stagnation, keinen Müßiggang, keine Nachlässigkeit.** *Tagtäglich bringt er das in das Leben ein, was aus ihm hervorquillt.*

Sein Nächster ist ihm wertvoll; er achtet ihn genauso, wie er sich selbst als Kind Gottes achtet. Er wird niemals eine ernsthafte, ehrliche Frage unbeantwortet lassen.

Dies alles ist nur dann möglich, wenn sich Seele und Mensch mit der Kraft Christi weitgehend besiegt haben. Das heißt: Die Seele ist von Belastungen weitgehend frei. Dementsprechend fühlt, empfindet, denkt, spricht und handelt der Mensch. Die freie Seele strahlt Dankbarkeit, Frieden und Glück aus. Das wirkt sich dementsprechend im und am Menschen aus; er ist hilfsbereit, freudig, selbstlos, souverän und friedvoll.

Ist der Kampf mit dem menschlichen Ich weitgehend beendet, dann ist Ruhe in der Seele eingekehrt. Das Drängende, Leidenschaftliche ist umgewandelt in Selbstlosigkeit, in die Kräfte der Unendlichkeit.

Wer Gott erwählt hat, der liebt Gott und achtet seine Mitmenschen und alle Lebensformen, weil Gott in allem ist.

Lieber Bruder, liebe Schwester, wenige Schritte noch, und wir haben den Berg Golgatha erreicht. Christus in Jesus ging uns den Weg nach Golgatha voraus. Er zeigte uns den Weg der Kreuzigung des menschlichen Ichs. Die Kreuzigung Jesu wurde dadurch für uns zum Symbol. Er jedoch mußte Sein Ich nicht kreuzigen, Er lebte ein Leben in Gott, Seinem Vater.

Der Leidensweg des Herrn ist also ein Symbol für uns Menschen. Er ging für uns Menschen diesen Weg.

Der Mensch hat eine belastete, also mehr oder weniger verschattete Seele und geht daher den Weg nach Golgatha. Für den einen sind das Kreuz und der Kreuzweg sehr schwer, für den anderen etwas leichter, entsprechend dem Umfang seiner seelischen Belastungen.

Ob unsere Belastungen groß oder gering sind – wir brauchen uns nicht zu ängstigen. Wer Christus bewußt erwählt hat, indem er Gottes Gebote mehr und mehr erfüllt, der spürt, daß Christus in jeder Situation mitträgt. Die mit Seiner Kraft umgewandelte Belastung strahlt Er uns dann als positive Energie zu, als Lebenskraft, damit wir rascher und auch leichter den Weg nach Golgatha gehen können und so zur Vollendung finden.

Auf der Stufe des Ernstes spüren wir das tiefe Aufatmen unserer Seele, die sich im Lichte Christi bewegt. Auch der Mensch atmet tief durch, denn er hat ebenfalls erkannt, daß er sein menschliches Ich mit Christus weitgehend überwunden hat. Das drängende und hartherzige Ich ist gekreuzigt. Es ist weitgehend vollbracht.

Wir ergründen das noch vorhandene Maskenbild unseres Ichs. Wir finden in allem das Göttliche und wenden es an

Gabriele:

Wir wissen: Um auf dem Inneren Weg voranzuschreiten, müssen wir den Schulungsstoff nicht nur lesen, sondern vor allem leben, das heißt umsetzen. So sind jene Aspekte, die in uns Bewegung hervorrufen, unsere persönlichen Aufgaben, die wir ernst nehmen und bereinigen sollten.

Folgende Aufgaben sollen uns helfen, unser Denken und Leben weiter umzugestalten und weiter in das Innere Leben hineinzufinden:

Wird uns bewußt, daß wir eine Maske tragen – bei Gesprächen, in Situationen des Tages –, so analysieren wir dieses Maskenbild unseres Ichs kurz und bereinigen.

Wir überprüfen uns in unserem Verhalten gegenüber unserem Nächsten:
Wollen wir noch überzeugen?
Wollen wir unseren Nächsten noch kommandieren?
Wollen wir ihn umstimmen?
Wann wurden wir persönlich?
Wann konnten wir unpersönlich sein?

Wie verhalten wir uns an unserem Arbeitsplatz, gegenüber unserem Werkstück? Arbeiten wir mit unseren menschlichen Kräften und Fähigkeiten, oder arbeiten wir mit unserem geistigen Bewußtsein?

Liebe Schwester, lieber Bruder, üben wir uns, in wesentlichen Abläufen des Tages, in dem also, was auf uns zukommt, die zugrundeliegenden Gesetzmäßigkeiten zu finden. Wir finden sie ausschließlich in uns selbst; denn der Gottesfunke in uns steht in Kommunikation mit dem Gottesfunken in dem, was der Tag uns bringt – seien es Aufgaben, seien es Arbeitsabläufe, seien es Fragen, seien es Prüfungen, seien es Schwierigkeiten oder Probleme.

Fragen wir uns zum Abschluß des Tages: Wie haben wir das Göttliche in allem gefunden, und wie haben wir gehandelt?

Kurzer Rückblick auf unseren bisherigen Evolutionsweg. Sieg über unseren Menschen einzig durch Christus. Leben aus dem Bewußtsein der beginnenden Vereinigung mit Ihm

Gabriele:

Von der Evolutionsstufe des Ernstes aus blicken wir nun kurz zurück und überdenken unser bisheriges Leben:

Wie schwer war es doch für manchen von uns, sich immer und immer wieder in die göttliche Ordnung einzufügen! Immer wieder aufs neue ordneten wir unsere Gedanken; immer wieder mußten wir unsere Rede zügeln und unseren Sinnen das Zaumzeug anlegen. Wie schwer fiel es uns doch immer wieder, uns dem Willen Gottes unterzuordnen. Immer wieder brach unser menschliches Ich durch in alten Gewohnheiten, Vorstellungen und Meinungen – und dennoch war immer wieder die Hoffnung in uns, das Ziel zu erreichen.

Obwohl wir immer wieder in unsere alten Schwächen zurückfielen, siegte letzten Endes doch Christus in uns. Er machte uns Mut, immer wieder aufzustehen. Er hob uns auf, wenn wir gefallen waren, und stärkte uns mit Seinem Geiste, so daß wir dann wieder mit Ihm Schritt für Schritt weiter auf dem Weg ins Licht gingen. Einzig durch Seine Hilfe betraten wir dann die Evolutionsstufe der göttlichen Weisheit.

Immer mehr begann unsere Seele durch die Verwirklichung der geistigen Lehren und Lektionen zu leuchten, denn das geistige Wissen wandelte sich in göttliche Weisheit. Unter der Sonne der göttlichen Weisheit schmolz allmählich der Intellekt dahin, und im gleichen Maße erweiterte sich unser geistiges Bewußtsein. Aus ihm strahlt uns die Intelligenz zu, Gott, das ewige Gesetz. So fanden wir durch die Verwirklichung der geistigen Gesetze zur göttlichen Weisheit.

Auf dem Inneren Weg erfuhren und erfahren wir die beständige Erweiterung des Bewußtseins, bis wir in den großen Ozean, Gott, eintauchen.

Blicken wir zurück auf die Stufen der Ordnung, des Willens und der Weisheit, so dürfen wir heute sagen: Danke, Herr, daß Du uns geführt hast und weiter führst. Danke, daß Du unablässig an unser Inneres pochtest – auch dann, wenn wir gefallen waren. Du pochtest an unsere Sinne, wenn sie sich ungezügelt gebärden wollten. Du warst es, der uns immer wieder Mut machte, und Du bist es, der uns zur Vollendung führt.

Wir können wahrlich von Herzen danken, wenn wir auf den Inneren Weg zurückblicken, auf die Stufen, die wir gegangen sind, auf die Evolutionsschritte, die wir getan haben. Und wie sieht unser Leben heute aus?

Sowohl auf der Stufe der Ordnung als auch auf der Stufe des Willens blickten wir immer noch auf die Menschen um uns. Wir wollten Anerkennung von ihnen. Wir wollten uns im Lichte der Menschen sonnen, in ihrem Blick. Heute sind wir geradlinig geworden. Wir bewegen uns mehr und mehr im Lichte der Gottheit. Wir blicken nicht mehr auf Menschen in der Frage: Wie denken sie über uns? Wir blicken mehr und mehr auf Christus in dem Bewußtsein: Herr, die Einigung mit Dir ist für mich das Höchste, das Eine, das Ziel, die Sonne, das Licht.

Wir schöpfen jetzt mehr und mehr aus dem Bewußtsein der beginnenden Vereinigung mit Christus. Wir brauchen nicht mehr die menschliche Anerkennung – wir richten uns mit allem, was wir denken, reden und tun, auf Christus aus, auf Seine Kraft.

Aufgerichtet betraten wir die Stufe des Ernstes, dankbar, daß wir nun weitgehend frei sind – frei von dem drängenden menschlichen Ich, das oftmals die Atmung blockierte, das den Atem kurz hielt, weil wir ständig gedrängt waren, zu wollen und uns im Lichte der Menschen zu sonnen. Heute atmen wir freier, ausgerichtet auf Christus. Wir spüren in jeder Situation, daß wir uns zurücknehmen können im Bewußtsein: Herr, Dein Wille geschehe!

Unsere Planung geschieht im Willen Gottes. Sie ist durchzogen von den Schritten, die wir auf der Stufe der Weisheit getan haben. Unsere Tat ist klar, weil Christus, der Geist des Lebens, durch uns tätig ist. Wir sind konzentriert, auf das bezogen, was wir augenblicklich verrichten, weil wir gelernt haben und wissen, die Kommunikation mit den höchsten Kräften ist die Vereinigung mit dem Absoluten. In dieser sich in uns aufbauenden Kommunikation, in dieser immer bewußter werdenden Vereinigung, vollbringen wir, so weit unser Bewußtsein reicht, unsere Werke, die Aufgaben, die uns tagtäglich gestellt werden, denn wir bemühen uns, in dem großen Bewußtsein zu leben: Gott ist alles in allem.

Damit es uns immer selbstverständlicher wird, uns jederzeit mit Gott, der inneren Kraft, zu verbinden, sollten wir uns darin üben, uns in jeder Situation zurückzunehmen, einzutauchen in die Kraft Gottes mit der Bejahung „Herr, Dein Wille geschehe!"

Auf dem Inneren Weg erschloß sich mehr und mehr unser geistiges Bewußtsein, und wir werden weiterhin die Erweiterung des Bewußtseins erfahren, weil wir mehr und mehr in den großen Ozean, Gott, eintauchen, in unser geistiges Erbe, das unser Leben ist.

Dem sei Ehre, Lob, Preis und Dank, der uns bis zu dieser Stufe führte und der uns weiter führt, hin zum Herzen Gottes, Christus, unser Bruder.

Unter der Sonne der göttlichen Weisheit schmolz unser Intellekt dahin. Immer dann, wenn wir intellektuell an eine Aufgabe, an eine Arbeit, an ein Gespräch herangehen wollten, nahmen wir uns zurück: „Nein, Herr, nicht so – einzig Dein Wille geschehe!" Dadurch, daß wir lernten, uns immer wieder zurückzunehmen, kamen und kommen wir immer mehr in Kommunikation mit der höchsten Kraft. Wir wurden zum Herzdenker, der in seinem Inneren lebt und aus dem Inneren schöpft. Will uns nun hin und wieder der Intellekt übermannen, dann gehen wir unverzüglich zurück zu Dem, der um alle Dinge weiß, der in uns lebendig geworden ist.

Das göttliche Bewußtsein in uns ist der Stein des Weisen. Er ist nun so weit geschliffen, daß das Innere Leben in mehreren Facetten durch uns hindurchzustrahlen vermag.

Das Menschliche, das den inneren Kristall umhüllt hat, ist von uns weitgehend abgefallen, weil wir durch Verwirklichung der Gesetze Gottes unser Leben auf das Innere Licht ausgerichtet haben, auf das göttliche Bewußtsein, auf unser geistiges Erbe, unseren geistigen Leib.

Der Stein des Weisen ist also unser geistiges Erbe. Strahlt das Innere Leben in mehreren Facetten durch uns hindurch, so bedeutet das: Die sieben Grundkräfte Gottes leuchten mehr und mehr in unserem Inneren auf, weil das Dunkle, das, was den Kristall, das Licht, überschattet hat, weitgehend abgefallen ist.

Das Innere Leben besteht aus den sieben Grundkräften Gottes von der Ordnung bis zur Barmherzigkeit. Also müssen wir auf dem Weg zum Bewußtsein Gottes alle sieben Grundkräfte erschließen und somit freilegen – von der Ordnung bis zur Barmherzigkeit. Stufe für Stufe, Schritt für Schritt ging es voran: Wir haben die Stufe der Ordnung weitgehend erschlossen, das Licht der Ordnung freigelegt – die eine Facette strahlt mehr und mehr. Wir haben die zweite Stufe, die Stufe des Willens, weitgehend erschlossen und freigelegt – die Facette des Willens strahlt mehr und mehr. Ebenso geschah es mit der dritten Stufe, der Stufe der Weisheit. Die Facette der göttlichen Weisheit strahlt nun mehr und mehr in uns.

Nun gilt es, die vierte Stufe zu erschließen und freizulegen, die Stufe des Ernstes. Auch diese Facette muß durch uns hindurchstrahlen, auf daß wir immer mehr in das Leben der Vereinigung mit Gott in Christus eintauchen können – als Kind des Ewigen, das in Gott, im Ozean der Liebe, lebt.

Wer sich wahrhaft auf der Stufe des Ernstes befindet, der steht mit seinem hohen Grad an Verwirklichung über dem Menschlichen. Er hat das niedere Ich weitgehend überwunden.

Mit den Worten „der hohe Grad an Verwirklichung" ist das angezeigt, was wir bis zur Stufe des Ernstes an Menschlichem abgelegt haben. Vergegenwärtigen wir uns noch einmal: Betreten wir zu Recht die Stufe des Ernstes, so haben wir die drei ersten Grundkräfte Gottes weitgehend aktiviert. Wir kommunizieren mit der göttlichen Ordnung, dem göttlichen Willen und der göttlichen Weisheit, und beginnen nun, mit der vierten Stufe, mit der vierten Grundkraft, in Kommunikation zu treten.

Das bedeutet: Die vier Wesenheiten Gottes, die vier Schaffungskräfte Gottes, sind in unserem Inneren weitgehend aktiv. Wir könnten sagen: Wir sind schöpferisch, wir sind kreativ geworden. Unser Bewußtsein leuchtet in die verschiedensten Dinge und Begebenheiten des Lebens hinein und holt die göttlichen Gesetzmäßigkeiten heraus, um sie dann in die Welt zu bringen.

Das ist der Beginn des schöpferischen Lebens, das möglich wird durch den hohen Grad an Verwirklichung, durch diesen der Mensch über dem Mensch-

lichen steht. Er geht die Schritte hin zum Gottmenschen, der das Menschliche weitgehend überwunden hat und der aufgrund der Überwindung seines Menschlichen, das ja als Erinnerung in ihm liegt, seinem Nächsten selbstlos dient und beisteht.

So ist der hohe Grad an Verwirklichung die Voraussetzung für das unpersönliche Leben.

Christus selbst offenbarte: Vor dem Sieg steht der Kampf. – Wir haben an uns selbst erfahren: Es war ein Kampf mit unserem menschlichen Ich. Doch mit Christus haben wir die hartnäckigsten Ichheiten besiegt.

Dies trifft zu für den Wanderer auf dem Weg zu Gott, der sich zu Recht auf der Stufe des Ernstes befindet, da er auf den Stufen Ordnung, Wille und Weisheit intensiv an sich gearbeitet und den entsprechenden geistigen Fortschritt erzielt hat. Wie weit wir – jeder einzelne – in unserer Verwirklichung und Erfüllung des göttlichen Gesetzes gediehen sind, können wir erkennen, wenn wir uns selbst prüfen. Dies geschieht, indem wir die hier dargelegten zahlreichen Aspekte Inneren Lebens als Kriterien anwenden und das Maß an uns selbst anlegen.

Erkennen wir, wo wir dem hohen Anspruch der geistigen Evolutionsstufe des Ernstes noch nicht voll genügen, so werden wir die Schulung auf der Stufe des Ernstes nicht fortsetzen, sondern, je nach den erkannten Mängeln, auf die Stufe der Ordnung oder des Willens zurückgehen und die dort gegebenen Lektionen erfüllen.

Der Gottmensch meistert das Leben,
denn er schöpft aus Gott,
der unerschöpflichen Quelle

Gabriele:

Da im Gesetz Gottes alles in allem enthalten ist, so sind die Kräfte des göttlichen Ernstes auch in der Stufe der Ordnung, des Willens und der Weisheit enthalten. Wir haben also schon Aspekte des Ernstes erschlossen und können ernsthaft an die Dinge des Lebens herangehen. Es ist nicht der bittere Ernst, es ist nicht die Traurigkeit – es ist die Entschlossenheit; es ist die Klarheit und das Bewußtsein, in Gott und mit Gott zu wirken.

Die hartnäckigen Ichheiten sind nun besiegt. Es werden immer noch verschiedene Komponenten menschlichen Ichs auftreten. Doch mit der schöpferischen Kraft, die wir auf den Stufen von der Ordnung bis zur Stufe des Ernstes entwickelt haben, werden wir auch die weiteren Ichheiten besiegen. Sie werden uns nicht mehr plagen. Sie werden uns nicht mehr in das Tal der Bitternis hinabziehen. Sie zeigen sich uns, um aufgeschlüsselt und besiegt zu werden.

So wandelt sich Menschliches in Göttliches – der Mensch wird mehr und mehr zum Gottmenschen.

Der werdende Gottmensch wird in jeder Lebenssituation auf das Innere Leben zurückgreifen, weil er mehr und mehr im Ozean des Lebens ruht. Er wird in jeder Situation auf Gott in seinem Inneren zugehen, weil er gelernt hat und weiß, daß er nur mit Gott alles im rechten Maße zu vollbringen vermag.

Er ist bestrebt, in allem, was auf ihn zukommt, auch im Bereich der Arbeit, die Gesetzmäßigkeiten des Lebens zu erkennen und anzuwenden. Auch Gespräche wird er nie führen, ohne sich vorher mit Gott verbunden zu haben.

Kommen Schwierigkeiten und Probleme auf ihn zu, sei es, daß sie aus ihm selbst hervorbrechen oder von anderen an ihn herangetragen werden – er ist immer bereit, mit der schöpferischen Kraft das zu lösen, was ansteht, einerlei, ob es eine Schwierigkeit ist oder ein Problem, ob sein eigenes oder das seiner Nächsten. Sein eigenes wird er in Kürze bewältigen; für Probleme und Schwierigkeiten seiner Nächsten wird er gerechte, gesetzmäßige Lösungen finden und diese ihnen unpersönlich nahebringen.

Der Gottmensch meistert das Leben mit der inneren Kraft: Gleich, was auf ihn zukommt – bevor er spricht, bevor er handelt, taucht er bewußt in den Ozean Gott ein, in die schöpferische Kraft, um von dort aus zu schöpfen und zu geben, in Gesprächen, in Handlungen und in der Bewältigung seiner Aufgaben.

Die beständige Kommunikation mit der göttlichen Kraft und das Handeln aus dem göttlichen Bewußtsein, dem Absoluten Gesetz, sind die wesentlichen Schritte hin zum Gottmenschentum.

Lieber Bruder, liebe Schwester, schauen wir in das Wort „Gottmensch" hinein; es besagt: Gott ist im Menschen aktiv. Gott im Menschen wirkt und vollbringt, was der Tag dem werdenden Gottmenschen zuspiegelt; er ist Handschuh an der Hand des Herrn.

Den Gottmenschen prägt der freie Geist. Er, der Mensch, ist nicht mehr der engstirnige Zeitgeist, der nur an sich und für sich denkt – er ist weitgehend frei von den Fesseln der Ichbezogenheit; er ist der selbstlose, freie, geistige Mensch, der Freiheitsdenker in Gott.

Ein Gottmensch ist jeder Situation gewachsen – auch wenn sie unvorhergesehen eintritt –, weil er die schöpferischen Kräfte weitgehend entwickelt hat. Gott, die schöpferische Kraft, gibt und gibt. Wer in den Ozean Gott einzutauchen vermag, der kann jeden Augenblick aus der Quelle des ewigen Lebens schöpfen; denn diese Quelle ist unerschöpflich.

Nur durch solche Menschen kann das Reich Gottes auf die Erde kommen. Denn wer den inneren Reichtum erschlossen hat, der wird auch das Reich Gottes, den inneren Reichtum, auf die Erde bringen.

Wer dem inneren Reichtum zustrebt, wird nie darben. Die Erde birgt die schöpferische, gebende Kraft, Gott; sie ist eine Quelle Gottes, aus der wir empfangen dürfen. Wer in Gott lebt, der steht auch in Kommunikation mit der Erde, und die Erde wird geben und geben – so, wie Gott ewig gibt; denn Gott ist das Leben der Erde.

Uns ist geboten, mit allen Kräften des Alls, auch mit den Kräften und den Lebensformen unserer Mutter Erde, in positive Kommunikation zu treten. Dann wird das Reich Gottes auf Erden entstehen.

Wer nicht mehr auf sein Persönliches bezogen ist, ist allbewußt; er ist unparteiisch, souverän und selbstlos

Gabriele:

Nun gehen wir den Inneren Weg nicht mehr vorwiegend für uns selbst, um unser Ich abzubauen, um es zu besiegen. Wir gehen ihn vor allem für unseren Nächsten, dem wir entsprechend unserer eigenen Verwirklichung unpersönlich beistehen können; denn durch die Verwirklichung der Gesetze Gottes wird der Mensch unpersönlich. Das heißt, wir denken immer weniger über unser Persönliches nach – über die Person, die in den Ichheiten gefangen war. Wir erwarten weder Anerkennung noch Dank. Dank und Lob gebühren einzig Gott, denn Er wirkt durch die lichte Seele und den freien Menschen. Wir lassen Gott durch uns wirken.

Wer zum Gottmenschen geworden ist, der geht also den Inneren Weg nicht mehr für sich allein. Der Gottmensch begleitet seine Nächsten zu höheren Stufen des Lebens und geht dabei zugleich seinen Weg weiter, bis er die Vollendung in Gott erlangt hat. Er hat sich dann besiegt. Der Sieg über sein niederes Ich bleibt jedoch in ihm bestehen – es sind die Erinnerungen an das Menschliche, an das, was er besiegt hat. Aus diesem Erinnerungspotential schöpft er und gibt seinen Nächsten, die er auf dem Weg zum Allerhöchsten begleitet. Der Gottmensch gibt selbstlos – so, wie Gott, die unerschöpfliche Quelle, selbstlos gibt.

Er hilft den Wanderern, die auf Stufen kämpfen, die er bereits bewältigt hat, klärt sie auf und steht ihnen bei, auf daß sie aus dem Kampf mit ihrem niederen Ich siegreich hervorgehen können.

Doch nicht nur bei Fragen des Inneren Weges, nicht nur in Schulungen wird der Wanderer auf der Stufe des Ernstes seinen Nächsten zur Seite stehen, sondern auch sonst im täglichen Leben, am Arbeitsplatz – überall, wo er mit Menschen in Berührung kommt und in Kommunikation tritt. Er hat durch die Verwirklichung Weisheit, das heißt Menschenkenntnis, erlangt und ist so in der Lage, seine Mitmenschen gesetzmäßig anzuleiten, so daß diese ihre Aufgaben leichter und besser erfüllen können.

Das ist unpersönliches Leben. Das ist Leben im Gesetz Gottes. Unpersönliches Leben ist Dienen. So, wie Gott, der Ewige, uns allen dient, so wird jeder einzelne, der dem Gottmenschentum zustrebt, unpersönlich dienen.

Eine Aufgabe für uns:

Wir erwarten weder Anerkennung noch Dank. Dank und Lob gebühren einzig Gott.

Üben wir uns in diesem hohen Bewußtsein, von unserem Nächsten nichts zu erwarten, weder Anerkennung noch Dank! Dankt uns ein Mitmensch, so geben wir den Dank an Gott weiter. Erhalten wir Anerkennung, so geben wir diese Anerkennung an Gott weiter.

Üben wir uns in den nächsten Tagen darin, dann werden wir erkennen, welch eine Kraft und Macht uns zuströmt.

Eine weitere Aufgabe:
Unpersönliches Leben ist Dienen.
Üben wir uns darin, uns über unser noch vorhandenes Menschliches zu stellen in dem Bewußtsein: Gott ist größer als mein Gedanke, als mein Wollen und Tun. In dieses Bewußtsein, Gott, erheben wir uns, und von dieser Perspektive aus wirken wir.

Ein Leitsatz, um ihn zu verwirklichen:
Selbstlosigkeit ist Souveränität.
Wer selbstlos ist, der ist unpersönlich; er ist souverän. Souverän sein heißt: Ich bin nicht ich, sondern ich bin das Du, das Göttliche im großen Du, Gott.

Ein weiterer Merksatz:
Wer nicht mehr auf sich bezogen ist, der ist allbewußt. Durch einen solchen Menschen wirkt Gott.

Menschen auf der Evolutionsstufe des Ernstes haben erkannt und an sich selbst erfahren, daß sie nicht mehr einzig die Person oder gar ihr Körper sind, sondern daß in ihnen das ewige Sein wirkt. Das ewige Sein ist unparteiisch, daher selbstlos. Und alles, was selbstlos ist, ist unpersönlich. So weit es dem Gott zugewandten Menschen möglich ist, hilft und dient er allen Menschen, die wirklich der Hilfe bedürfen.

Die Person besteht aus unserer Gedankenwelt. Die Person ist der Mensch, der aus den verschiedensten Ichheiten besteht. Das Menschliche ist das Persön-

liche, das die Person im Denken, Sprechen und Handeln prägt. In diesem Persönlichen sind wir so lange gefangen, bis wir es schrittweise ablegen und unpersönlich, göttlich, werden.

Dann lenken wir auch unsere Aufmerksamkeit nicht mehr auf das Persönliche, die Person, und nehmen auch unseren irdischen Namen nur als äußeren Ausweis – doch wir identifizieren uns nicht mehr mit diesem Schwingungsgrad, weil Namen auf den Schwingungsgrad der Person bezogen sind. Wir identifizieren uns immer seltener mit der Hülle, der Person; wir ruhen in uns, das heißt, wir stehen in Gott. Das lichte Wesen im Menschen durchstrahlt die Hülle, die Person, so daß dieses lichte Wesen im Menschen die Dinge tut – und nicht das Ich, das Persönliche, die Person.

Wir hörten: Wer nicht mehr auf sich, sein Persönliches, bezogen ist, der ist allbewußt. – „Allbewußt" heißt: Wir stehen mehr und mehr in Kommunikation mit allen Lebensformen – mit jenen, die uns umgeben, und mit jenen, die fern von uns sind. Dadurch wird uns alles nahe, unmittelbar. Treten wir mit den Gestirnen in Kommunikation, dann sind sie nicht mehr fern – wir erleben sie als Kraft und als Quelle der Kraft in uns. Treten wir mit den positiven Aspekten unseres Nächsten in Kommunikation, dann erleben wir unseren Nächsten als einen Teil von uns in uns.

Einerlei, wohin wir unsere Gedanken senden – sind sie positiv, also selbstlos, dann erleben wir die Rückstrahlung dieser positiven Kräfte in uns. Dadurch spü-

ren wir, daß es in Gott kein Oben und Unten gibt, kein Rechts und Links, kein Vorn und Hinten – es ist alles in allem in uns.

Der ernsthaft Gott Zustrebende, der Gottmensch, ist unparteiisch. Er ergreift nicht für den einen Menschen Partei und läßt den anderen links liegen. Er weiß: In Gott sind alle Menschen gleich, weil in jedem Menschen das Göttliche wohnt, und das Göttliche beinhaltet alle Aspekte der Unendlichkeit.

Würden wir einen bevorzugen, dann würden wir den anderen abwerten und vergessen. Würden wir einen höherstellen, dann würden wir den anderen erniedrigen. Dann wären wir parteiisch. Da Gott unparteiisch ist und wir Gott zustreben, müssen wir also unparteiisch werden.

Der werdende Gottmensch macht sich weder von Menschen noch von Dingen abhängig. Er steht in Kommunikation mit den positiven Kräften in den Menschen, in den Dingen, in den Geschehnissen. Er braucht keine Abhängigkeit.

Erwarten wir von unseren Mitmenschen, daß sie dieses oder jenes für uns tun, dann werden wir zu Abhängigen. Stehen wir jedoch mit den positiven Kräften in Kommunikation, dann ist es ein fließender Austausch. Wir erwarten nichts – wir haben es. Nur der erwartet von seinen Mitmenschen Anerkennung, Lob, Dank und Aufwertung, der schwächer ist als sie. Selten wird er empfangen, und wenn er empfängt, dann ist das, was er empfängt, wiederum geprägt von Erwartungen von Lob und Anspruch auf Dank.

Üben wir uns in der Aufgabe, unparteiisch zu sein. Nehmen wir uns immer wieder zurück, wenn wir Gespräche führen, wenn wir unseren Mitmenschen begegnen, wenn uns einer von ihnen mehr gewogen ist als der andere. Bejahen wir das unpersönliche Leben, Gott, in jedem Bruder, in jeder Schwester. Erwecken wir auf diese Weise in uns das Unparteiische, das Selbstlose.

Das Leben im Bewußtsein des ewigen Seins. Das Äußere ist nur der Abglanz des Inneren. Hineinspüren in die fließenden Rhythmen der göttlichen Dimensionen

Gabriele:

Im ewigen Sein gibt es kein Oben und Unten, kein Rechts und Links, kein Vorne und Hinten. Lebt ein Mensch im Bewußtsein des ewigen Seins, ruht er in seinem Innersten, so gibt es auch für ihn kein Oben und Unten, kein Rechts und Links, kein Vorne und Hinten.

Dies gilt auch für den Gottmenschen. Da er nun mal noch Mensch ist, muß er mit den Begriffen „oben, unten, rechts, links, vorne, hinten" leben. Diese Begriffe sind jedoch für ihn nicht die Absolutheit oder die Realität in Gott. Er verwendet die Begriffe, um als Mensch auf dieser Erde leben zu können. Aber alles, was er betastet, was er betrachtet, was er hört, was er sieht, gleich, was er tut, mit dem steht er in Kommunikation und erlebt es in sich selbst. Und aus sich, dem wahren Selbst, denkt, spricht und handelt er.

Um zu erahnen, wie der geistige Mensch und vor allem das Geistwesen das Leben in sich erlebt, stellen wir uns eine durchsichtige Glaskugel vor, die sich ständig bewegt. Versetzen wir uns als Lichtstrahl in diese Glaskugel hinein. Da sich die Kugel ständig bewegt, können wir nun sagen: „Dieser Lichtstrahl, der ich bin, ist oben, unten, rechts, links, vorne, hinten"?

Wir können es nicht sagen. Es gibt kein Oben, Unten, Rechts, Links, Vorne und Hinten. Diese Begriffe sind nur Orientierungshilfen für das menschliche Bewußtsein im Bereich des Dreidimensionalen, des Materiellen.

Als geistiger Mensch auf der Stufe des Ernstes leben wir mehr und mehr von innen nach außen. Rufen wir alles, was wir sehen, womit wir uns umgeben, was wir tun, zuerst in unserem Inneren wach, erwecken es also in uns, dann spüren wir, daß es kein Oben und kein Unten gibt, weil es aus uns selbst kommt. Es projiziert sich nur nach außen, hat aber nicht die Wertung vorne, hinten, rechts, links, oben, unten.

Diese Wertung hat nur der Mensch, weil er den Eigenwert als Kind Gottes verloren hat. Er hat seine eigene Mitte, sein Selbst, seine geistige Identität, verloren. Er hat keine bewußte Verbindung mehr zu seinem Selbst, dem Göttlichen in ihm.

Hat der Mensch sich nach außen begeben, hat er seinen unpersönlichen Schatz des Inneren, den Stein des Weisen, abgedeckt, dann will er im Äußeren haben, was er verlor; es ist im Inneren zwar weiterhin vorhanden, er besitzt es; doch ist es ihm nicht mehr erfahrbar nahe, da es abgedeckt, also latent ist.

Das äußere, das menschliche Leben und das Innere Leben, das geistige Leben, sind zwei unterschiedliche Welten mit ganz anderen Dimensionen, anderen Maßstäben, anderen Werten und Wertungen. Das Äußere ist nur ein Abglanz des Inneren.

Der Mensch will das Licht; dann sucht er nach entsprechenden äußeren Quellen, weil ihm im Inneren das Licht verlorenging. Er braucht viel Nahrung, wenn er nur mit der physischen Kraft und wenn er nur mit dem Intellekt arbeitet. Wer von innen nach außen lebt, braucht auch Nahrung, braucht Getränke, doch niemals in dem Maße wie ein nach außen gekehrter Mensch.

Wir Menschen schufen uns Fahrzeuge. Warum? Weil wir die Kommunikation, die innere Verbindung, zu unserem Nächsten verloren haben – weil der göttliche Teil unseres Nächsten nicht mehr in uns lebendig ist. Deshalb müssen wir uns zu ihm hinbewegen. Wir brauchen das Telefon, um aus der Ferne mit unserem Nächsten zu sprechen, weil uns die Fähigkeit der Telepathie verlorenging.

Wir malen Bilder von Landschaften und Bildnisse von Menschen – warum? Weil wir die Essenz dieser Lebensformen nicht in unserem Inneren tragen. Wir brauchen immer etwas, woran wir uns im Äußeren festhalten können. Weil wir das Innere durch die Sünde abgedeckt haben, projizierten und projizieren wir unsere Wunschbilder nach außen und halfen und helfen mit, daß sie Form und Gestalt annahmen und annehmen. Deshalb gibt es die Dichte; die Begriffe oben, unten, vorne, hinten, rechts, links kennzeichnen sie.

Die drei Dimensionen mit ihren Wertungen haben wir uns selbst geschaffen, weil wir aus den göttlichen Dimensionen herausgefallen sind.

Die Dimensionen der Materie haben ihre Abgrenzung und ihre Gewichtung. Die göttlichen Dimensionen hingegen fließen durch alle Reiche des Seins, durch alle göttlichen Wesen und durch alle reinen Formen. Es ist ein Fließen der dimensionalen Rhythmen.

Um uns in diese himmlischen Gesetzmäßigkeiten hineinzuspüren, folgende Übung:

Wir schließen die Augen.
Wir beobachten den Atem.
In uns ist es still.
Wir lassen keine Empfindung, keinen Gedanken zu.
Wir atmen.
Nun schalten wir harmonische Musik ein.
Wir hören.
Wir lassen nun die Musik durch unsere Gehörgänge in unser Inneres einfließen.
Durch uns fließen nun die Melodien.
Wir spüren: Unser Körper wird zum Klangkörper – ähnlich wie der Körper eines reinen Geistwesens ein Klangkörper ist. Denn im göttlichen Sein sind die Dimensionen Farbe, Form und Klang.

Eine weiterführende Übung:
Wir hören ein disharmonisches Geräusch, z.B. das der Autobahn. Diese Dissonanz ist unangenehm.
Wir lassen nun dieses Geräusch durch uns hindurchklingen in dem Bewußtsein: Gott ist alles in allem. So ist auch in dieser Dissonanz der Ton des Göttlichen.
Wir erfassen nun das, was rauscht und das, was klingt, mit der inneren Wahrnehmung. Wir werden merken, daß feine Töne in dieser disharmonischen Geräuschkulisse schwingen, die sogar harmonisch und beruhigend zusammenklingen.
Es ist uns also möglich, dem unangenehmen Geräusch, das uns unruhig stimmt, das Positive abzugewinnen, wenn wir es in uns hineinzunehmen vermögen.

Die Voraussetzung ist, daß uns bewußt ist und daß wir damit auch leben, daß in allem Negativen, auch in den lauten, schrillen, disharmonischen Tönen, in jedem unangenehmen Geräusch, die Symphonie und die Harmonie Gottes ist. Nehmen wir in diesem Bewußtsein die lauten Töne, das Geräusch, in uns auf, dann gewinnen wir dem Geräusch Töne der Sphärenmusik ab.

Der Gottmensch kann in den größten Turbulenzen des Alltags stehen – er gewinnt jeder menschlichen Turbulenz die Sonnenseite ab. Gewinnen wir also einem Autogeräusch, dem Geräusch von Maschinen – jedem Geräusch – das Positive ab, denn in allem ist der Klang, Gott.

Bei dieser Übung ist es wichtig, daß wir nicht abwerten. Durch eine gedankliche Wertung – z.B. „das ist Autogeräusch" – verschließen wir uns vor dem, was als Wahrnehmung und Erfahrung in dem Geräusch für uns enthalten ist.

Auch hier können wir die Erfahrung machen: Finden wir in allem das Göttliche, so stehen wir über dem Negativen, über jeder Situation.

*Merken wir uns folgende Sätze:
Ich bin nicht nur mein Körper und mein kleines, niederes Ich.
Ich, das Sein, lebe in meinem physischen Körper.
Der Körper ist das Gefährt meiner erwachten und strahlenden Seele, die zum Geistwesen heranreift und die Früchte Inneren Lebens gemäß dem Reinheitsgrad der Seele ausstrahlt: das Gesetz, Gott.*

Die leuchtende Seele, der durchglühte Mensch stehen nun über den menschlichen Meinungen, Wünschen, Leidenschaften und Gewohnheiten. Wir wachsen in die unmittelbare Führung durch Christus hinein

Gabriele:

Wer ernsthaft vorangeschritten ist auf dem Evolutionsweg, der von der Ordnung bis zur Barmherzigkeit führt, der befindet sich nun zu Recht auf der Evolutionsstufe des Ernstes. Er atmet jetzt die innere Freiheit. Sein Atem geht ruhig und tief; er ist entspannt. Er strahlt Souveränität und Überzeugungskraft aus, da er Gott und seinem göttlichen Wesen nahegekommen ist.

Die Worte eines beseelten Menschen lauten sinngemäß:

Christus, in Deinen Händen ruht mein Leben.
Dir habe ich mich anvertraut und übergeben.
Es ist weitgehend vollbracht.
Du bist zu meinem göttlichen Bruder geworden.
Führe mich nun weiter in das ewige Gesetz, Gott, hinein. Denn mit meinem ewigen Vater möchte ich ganz verschmelzen – so, wie ich mit Dir, meinem göttlichen Bruder, verschmolzen bin.
Das ist mein sehnlichster Wunsch,
das ist das Verlangen meiner Seele und auch meines Menschen.

Sobald die Seele im Menschen mehr und mehr zu leuchten beginnt, spürt auch der Mensch, daß sich die Pforten zum inneren Tempel, zum Heiligtum Gottes, mehr und mehr öffnen. Die leuchtende Seele und der durchglühte Mensch haben das Blendwerk dieser Welt, ihre menschlichen Meinungen, Vorstellungen, Wünsche, Leidenschaften und Gewohnheiten mit Christus weitgehend überwunden. Aus dem inneren Heiligtum Gottes strahlt dann durch die verwirklichten Facetten der selbstlosen Liebe das Licht durch Seele und Mensch hinaus in diese Welt, zu den Menschen, die sich nach dem Lichte der Wahrheit sehnen.

Vermag unsere Seele im Lichte der Wahrheit zu leuchten, dann spüren wir innere Freude und tiefe Beglückung. Die Allkräfte der Liebe strömen in unsere Seele und in unseren Leib. Das ist auch die Antwort unseres göttlichen Bruders Christus, der durch uns für unsere Mitmenschen wirkt.

Haben wir unsere menschlichen Meinungen und Vorstellungen weitgehend überwunden, dann haben wir Weisheit erlangt; wir brauchen nichts mehr zu meinen. Wir müssen uns nicht etwas vorstellen: Es könnte so oder so sein. Wir wissen es, weil wir weitgehend die Weisheit Gottes, die göttliche Tat, erschlossen haben. Meinungen und Vorstellungen haben jene Menschen, die noch auf dem Weg zur Weisheit Gottes sind. Sie meinen – und wissen nicht. Sie stellen sich etwas vor – und kennen es nicht. „Wir stellen uns etwas vor" heißt: Es steht etwas vor uns, das wir nicht durchschauen können.

Wir haben die drängenden menschlichen Wünsche überwunden. An der Stelle der drängenden menschlichen Wünsche steht der innere Reichtum der Seele, das Bewußtsein, daß wir um vieles reicher sind als all jene, die sich ihre drängenden Wünsche erfüllen.

Das heißt nicht, daß wir uns als geistige Menschen keine Wünsche erfüllen dürfen. Gemäß unseren Möglichkeiten erfüllen wir uns angemessene Wünsche, sofern sie gesetzmäßig sind. Wir machen uns selbst hin und wieder eine kleine Freude – das gehört zum Menschsein. Doch sich mit aller Macht und mit aller Kraftanstrengung drängende Wünsche zu erfüllen, ist Kleingläubigkeit, ist innere Armut und inneres Verwaistsein.

An der Stelle der Leidenschaften steht nun das erfüllte Leben, das Gesetz Gottes. Nur der ist leidenschaftlich, dem es an göttlicher Energie mangelt; er leidet, weil er nicht erfüllt ist. Strahlt die göttliche Energie durch den Gott zugewandten Menschen, dann sind von ihm die Leidenschaften gefallen – er hat wieder sein inneres Erbe erlangt, die göttliche Kraft, und hat zur Quelle der Kraft gefunden. Er braucht nicht mehr da und dort zu suchen. Er braucht sich nicht mehr leidenschaftlich diesem und jenem zuzuwenden – er ist reich geworden, reich an Kraft. Das bringt wiederum die Souveränität. Er steht über der Leidenschaft; denn er hat sie – unter Umständen durch Leid und Leiden – überwunden.

Er steht auch über den Gewohnheiten. Gewohnheiten sind etwas Gewöhnliches. Gott ist nicht gewöhnlich – Er ist groß. Alles Gewöhnliche ist etwas Niede-

res. *Wer in Gott lebt, hat die Gewohnheiten überwunden, z. B. die Angewohnheit, bei Tisch Zeitung zu lesen, täglich vor dem Fernseher zu sitzen, sich zu Hause gehenzulassen, zu einer bestimmten Zeit immer ein Glas Bier zu trinken oder eine Zigarette zu rauchen.*

Das Gewöhnliche ist das Unästhetische: *Schmatzen, geräuschvolles Kauen, lautes Sprechen, schrilles Lachen. Wir könnten auch sagen:* **Das Gewöhnliche ist das Würdelose, das Unbewußte,** *das wir oftmals vollziehen, ohne uns unseres wahren Seins, unseres göttlichen Wesens, bewußt zu sein.*

Unser göttlicher Bruder und Geistiger Lehrer – auf Erden Bruder Emanuel genannt – gab uns immer wieder Lektionen, Lehren und Aufgaben, damit wir unser Menschliches besser und auch vielfältiger erkennen können. Er ermahnte uns immer wieder, **die Wurzeln des menschlichen Ichs zu ergründen** *und diese mit Christus aus dem Acker der Seele zu entfernen.* **Nur wer selbst erfahren hat, was es bedeutet, das menschliche Ich zu besiegen, kann seinem Nächsten auch selbstlos dienen und helfen.**

Ganz allmählich führte uns unser Geistiger Lehrer zur Evolutionsstufe des Ernstes. Wir wissen sehr wohl, daß es auch auf dieser Stufe – der vierten Stufe – noch einiges zu erkennen und zu bereinigen gibt. Wir werden uns jedoch **nicht mehr in der Talsohle des menschlichen Ichs aufhalten.**

Damit das geistige Wachstum in uns fortschreitet, schenkte uns Bruder Emanuel weitere Lektionen, Lehren und Aufgaben, so daß wir auf die innere Quelle,

Christus, ausgerichtet bleiben und immer klarer – das heißt unmittelbarer – geführt werden können.

Wir wachsen nun in die unmittelbare Führung durch Christus hinein. Unser Geistiger Lehrer, der Cherub der göttlichen Weisheit, wird uns am Ende der Stufe des Ernstes unserem göttlichen Bruder Christus übergeben. Dann wird Christus jeden von uns auf dem siebenstufigen Pfad führen und jedem einzelnen individuell die Anweisung und Lektion geben, die er noch benötigt, um ganz in das Gesetz des Lebens eintauchen zu können.

Ernste Mahnung: Nicht auf die vierte Stufe ohne die entsprechende Reife

Gabriele:

Bruder Emanuel kennt jeden von uns. Er schaut die Schüler auf dem Inneren Weg und weiß, wie es um einen jeden bestellt ist. Er ermahnt jene, die sich der Lehren, Lektionen und Aufgaben der vierten Evolutionsstufe bedienen, hierfür jedoch noch nicht die Reife erlangt haben.

Jedes Geistwesen lebt frei im Willen Gottes. So hat auch jeder Mensch von Gott den freien Willen zur freien Entscheidung über sich selbst. Deshalb sind wir für unser Denken und Handeln selbst verantwortlich.

Damit sich jeder Schüler selbst erkennt und sich auch seiner Verantwortung sich selbst gegenüber bewußt ist, gab Bruder Emanuel immer wieder Hinweise, Ermahnungen, Lehren, Lektionen und Aufgaben. Auf jeder Stufe wiederholte er die wichtigsten Merksätze zur Selbsterkenntnis – so daß kein Schüler sagen kann, das habe er nicht gewußt.

Auch auf der Evolutionsstufe des Ernstes ermahnte uns Bruder Emanuel, damit wir keinen Täuschungen unterliegen und nicht mit Astralkräften in Berührung kommen.

Der Unerleuchtete vermag schwerlich zu unterscheiden, ob ein Gedanke ein Impuls aus dem göttlichen Bewußtsein ist oder ob er vielmehr den Verschattungen der Seele entspringt, dem angelesenen Wissen entstammt oder gar von niederen Seelen oder Gegensatzkräften eingespiegelt wurde. Daher ist diesbezüglich Vorsicht geboten. Nur das konsequente Beschreiten des Inneren Weges schützt vor diesen Gefahren.

Es ist wesentlich für uns, die Hilfen, Hinweise und Darlegungen aus dem Gottesgeist, die uns führend und wegweisend sein wollen, nicht nur anzunehmen, sondern sie auch aufzunehmen, indem wir sie zu einem Teil unseres Lebens werden lassen.

Haben wir dies so gehalten, so werden wir die Worte, die unser Geistiger Lehrer, Bruder Emanuel, offenbarte, in ihrer Tiefe zu erfassen vermögen.

Umgang des werdenden Mystikers mit Schwierigkeiten und mit noch vorhandenen menschlichen Programmen

Bruder Emanuel offenbarte
auf der Stufe des Ernstes:

Wer wahrhaft auf der Stufe des Ernstes lebt, der hat zu seinem wahren Sein gefunden und ruht gemäß seinem hohen Verwirklichungsgrad in sich, im Sein. Seine Gedanken sind vorwiegend von der Kraft Gottes durchdrungen. Infolgedessen wertet der Mensch nicht mehr. Er bleibt weitgehend unparteiisch, das heißt unpersönlich, weil er mehr und mehr die Dinge und Geschehnisse im Lichte der Wahrheit erkennt.

Es wird wohl immer wieder zu Schwankungen im Leben des einzelnen kommen. Es gibt jedoch kein Abgleiten mehr von der göttlichen Weisheit wieder zurück in die Materie, in das Tal der Bitternis, des Besitzen-, Sein- und Habenwollens, der Leidenschaften und der Triebhaftigkeit.

Der wahrhaft weise werdende Mensch wird jede Schwierigkeit – auch wenn sie von der Welt her an ihn heranschwingt – gesetzmäßig zu analysieren wissen, und er wird sie auch gesetzmäßig beheben.

Die leuchtende Seele, der innere Kristall, der Stein des Weisen, strahlt in das Oberbewußtsein des Menschen ein – in die vom menschlichen Ich gereinigten Gehirnzellen, die auf die höchste Kraft, auf Gott, ausgerichtet sind. So empfängt der werdende Weise, der vom göttlichen Ernst beseelte Mensch, die göttlichen Impulse aus seinem weitgehend erschlossenen geistigen Bewußtsein, um in dieser Welt nach Gottes Gesetzen zu leben – also Gottes Willen zu erfüllen – und auch den Menschen das zu bringen, was sie erfassen und gesetzmäßig anwenden können.

Sollten in der Seele noch menschliche Programme vorhanden sein, dann sind es entweder Komponenten des menschlichen Ichs, die sich im Prozeß der Umwandlung befinden, oder Ichkomponenten allgemeiner Art oder Programme, die sich erst in den Stätten der Reinigung bereinigen lassen. Deshalb heißt es auch in dieser Schrift „weitgehend bereinigt". Es können auch noch Programme vorhanden sein, die für bestimmte Zwecke gebraucht werden, z.B. für einen Auftrag, der in die Seele eingegeben wurde, damit sie zu einer bestimmten Zeit, eventuell in einer weiteren Inkarnation, den Geschlechtern den Weg zu Gott weist. Solche Programme wühlen jedoch den Menschen nicht auf, da sie weitgehend ruhen.

Sollten jedoch noch Programme als Entsprechung zur Umwandlung anstehen und aktiv sein oder aktiv werden, dann wird der weise Mensch sie nicht mehr auffrischen, indem er sich gehenläßt und wieder Gleiches oder Ähnliches denkt wie in der Vergangenheit und auch dementsprechend handelt. Er wird sie sofort mit der Kraft Christi beheben, so daß sie bald nur noch Erinnerungen sind.

In der Kommunikation mit dem Inneren Christus erfolgt die Bewußtseinsschau, die innere Wahrnehmung

Bruder Emanuel:

Der wahre Weise wird in jeder Situation, was auch immer auf ihn zukommt, das Göttliche in ihm, den Inneren Helfer und Ratgeber, die ewige Intelligenz, um Rat und Hilfe bitten – und auf diese Weise mit seinem göttlichen Bruder, Christus, im Innersten seiner Seele in Kommunikation treten.

Unsere Schwester Gabriele :

Wo des Menschen Gefühle, Empfindungen und Gedanken sind, von dort empfängt er.
Haben wir die Stufe der Ordnung, des Willens und der Weisheit absolviert, haben wir also diese göttlichen Grundkräfte in uns entfaltet, dann sind wir dem Wesenskern Gottes, dem Christus-Gottesbewußtsein, nahe, weil die schweren Belastungen, welche den Wesenskern abgedeckt haben, von uns mit Christus umgewandelt sind.
Dann erst nehmen wir Verbindung, also Kommunikation, mit Christus in unserem Innersten auf. Er ist dann nicht mehr unser Erlöser, sondern Er ist unser göttlicher Bruder, weil wir die Erlöserkraft mit Hilfe des Christus in die Urkraft erhoben haben.

Nehmen wir uns als Aufgabe mit:
Fragen wir uns: Inwieweit sind wir dem Christus-Gottesbewußtsein nahe?

Bruder Emanuel offenbarte:

Kann diese selbstlose göttliche Kommunikation hergestellt werden, dann erfolgt eine unmittelbare Bewußtseinsschau, das heißt, der Mensch erfaßt und weiß sofort, wie er zu denken und zu handeln hat. Als Hilfe ist auch die Lösung in der Bewußtseinsschau und in den Bewußtseinsimpulsen vorhanden. Wer in dieser himmlischen Kommunikation mit dem Inneren Christus lebt, der hat den Stein des Weisen gefunden, das im Glanze Gottes leuchtende geistige Bewußtsein im Menschen. Es ist die Seele, die heimgefunden hat.

Gabriele:

Die Bewußtseinsschau ist die innere Wahrnehmung – die Kommunikation mit dem positiven Kern im Problem; es ist die Kommunikation mit dem Innersten des Menschen; es ist die Wahrnehmung von all dem, was auf den werdenden Weisen zukommt. Im Innersten seiner Seele erfaßt er wiederum das Innerste von allem, was ihm im Äußeren begegnet. Das heißt, er nimmt mit dem Göttlichen all dessen, was im Äußeren ist, Kom-

munikation auf und erfaßt im selben Augenblick, was z.B. der Mensch denkt, was er fühlt, welches Problem zugrunde liegt, welche Schwierigkeiten oder Situationen. Er erfährt sofort im Inneren die Lösung – von jedem Problem, von jeder Schwierigkeit, von jedem Gedanken, von allem, was ihm begegnet, weil er weitgehend eins mit den ewigen Gesetzen ist, die unermüdlich geben.

Die Bewußtseinsschau ist also die Wahrnehmung mit den Kräften des geistigen Bewußtseins; in dieser Wahrnehmung liegt das Erfassen aller Dinge. Es ist auch möglich, daß sich Bilder auftun und der werdende Weise im Bild die Lösung schaut; doch es muß nicht immer so sein.

Die Bewußtseinsschau ist die innere Wahrnehmung, die sofort dem Oberbewußtsein des Menschen Impulse gibt, so daß dieser die Lösung mit seinen Worten wiederzugeben vermag, oder er gibt Hilfen, Anweisungen oder Hinweise, je nachdem, was aus der Bewußtseinsschau, aus der geistigen Wahrnehmung in das Oberbewußtsein des wahren Weisen steigt.

Die Bewußtseinsimpulse sind Strahlung aus der Bewußtseinsschau. Diese Strahlung formiert sich in uns zuerst einmal als Gefühl, dann als Empfindung, dann als Gedanke. Denn als Menschen müssen wir das, was uns das Göttliche übermittelt, mit unseren Worten ausdrücken.

Eine Aufgabe für die Schüler der Stufe des Ernstes:
Werden wir still. Vertrauen wir uns Christus in unserem Inneren an. Nehmen wir das, was uns heute be-

schäftigt, mit in unser Inneres und bitten den Inneren Helfer und Ratgeber, Christus, um Führung.

Erhalten wir nun Impulse, dann müssen wir abwägen: Sind sie göttlich oder ungöttlich? Es kommt also auf unsere geistige Entwicklung an.

Vorsicht ist dann geboten, wenn der Wanderer auf dem Weg zur Einswerdung mit Gott wenig geistige Schritte getan hat. Dann nimmt er nur von dem auf, was er über das Göttliche gestülpt hat, nämlich aus seinem niederen Ich, seinem Menschlichen, also aus seinem Sündhaften; denn alles sendet.

So kann der Mensch seine eigenen Ursachen, seine menschlichen Gedanken, Erwägungen und Trugschlüsse abrufen und als vermeintliche Hilfe an seine Nächsten weitergeben. Das ist dann die Fehlleitung unserer Nächsten, weil wir nicht erkennen konnten, was sie in dieser Situation gebraucht hätten. Wir geben dann nur unser menschliches Ich mit.

Bruder Emanuel:

Zu Beginn der vierten Stufe hat noch nicht jeder wahrhafte Wanderer zum reinen Sein das göttliche Erfassen und Wissen um die Dinge, Geschehnisse und Ereignisse der Außenwelt, also um das, was auf ihn zukommt, in sich erschlossen. So mancher ist noch ein Erforscher und Erhorcher seines inneren geistigen Bewußtseins.

Gabriele:

Müssen wir uns noch erforschen, dann müssen wir noch Programme, die das Göttliche überlagern, abarbeiten. Erforschen heißt: Wir w i s s e n es noch nicht; wir sind noch nicht am Ziel; wir müssen uns durch den Weg der Verwirklichung noch einiges erarbeiten.

Erhorchen wir noch, was unser Inneres uns mitteilen möchte, so ist noch nicht das Eins-Sein mit dem Göttlichen gegeben. Jeder Seele im Menschen ist die Einswerdung mit Gott möglich – wohlgemerkt: nicht dem Menschen, sondern der Seele im Menschen. Denn der Mensch, der in sich den Stein des Weisen erschlossen hat, braucht noch die Programme für diese Welt. Infolgedessen muß er immer wieder mit diesen Programmen leben – mit den Programmen der Sprache, der Orientierung in Zeit und Raum, den Programmen, die sich aus seiner Umgebung, der Familie, dem Berufsleben ergeben, den Programmen der Sitten und Gebräuche seiner Zeit, den Programmen der handwerklichen Fähigkeiten, der Gesprächsführung, den Programmen der Mathematik und vielen weiteren.
Mit diesen Programmen ist auch der Weise ein Mensch unter anderen Menschen – seine Seele jedoch ist eins mit dem Strom Gottes, eingetaucht in den Ozean der Liebe.

Ist die Seele noch nicht als Tropfen im Ozean Gott, dann muß die Seele in den Ozean hineinhorchen, um zu erhorchen, was Gott sagt. Die Seele selbst spricht dann noch nicht das Gesetz, Gott, weil sie noch nicht im Ozean Gott, im Gesetz, lebt.

Wir könnten sagen: Seele und Mensch stehen unmittelbar am Rand des Stromes und horchen in den Strom hinein. Die Seele ist aber noch nicht im Strom; Seele und Mensch erhorchen also das Göttliche, das Bewußtsein, die Sprache Gottes. Das Erhorchen des Wortes Gottes ist jedoch nur dem möglich, der die Stufe der Weisheit weitgehend absolviert hat und dabei ist, die vierte Stufe, die Stufe des Ernstes, zu betreten.

Das Ziel jedes Wanderers auf dem Inneren Weg ist es, eins zu werden mit Gott, eins zu werden mit dem Strom, als Tropfen einzutauchen in den Ozean Gott, so daß die Seele dann die Sprache Gottes, das göttliche Selbst, spricht.

Bruder Emanuel:

Je mehr sich der Mensch der fünften Stufe nähert, um so unmittelbarer kann er auch empfangen. Denn die Seele taucht ganz allmählich als Tropfen wieder in den Ozean Gott ein. Das Rauschen der Seelenhüllen hat dann aufgehört, weil die Belastungen der Seele, welche Sender und Empfänger sind, mit Christus weitgehend umgewandelt wurden.

Der gotterfüllte Mensch lebt in der Bruderschaft Christi

Bruder Emanuel:

Kehrt der Tropfen, die lichte Seele, allmählich zurück zum Ozean Gott, dann begibt sich der Mensch in die Bruderschaft Christi. Die lichte Seele hat wieder ihren göttlichen Bruder gefunden, der sie erlöst hat. Die Seele hat sich mit Christus geeint, und der erfüllte Mensch wird auch auf Erden in der Bruderschaft mit Christus leben.

Gabriele:

„Bruderschaft Christi" heißt die Einheit mit Christus, das Leben in Christus und mit Christus für das Gemeinwohl, für alle Menschen und Seelen, die guten Willens sind.
Ein Mensch in der Bruderschaft Christi erfüllt den Willen Gottes, denn er lebt weitgehend im Gesetz, Gott, das heißt, er gibt aus der selbstlosen, göttlichen Liebe.
Ein Mensch in der Bruderschaft Christi lebt auch nicht mehr die Parzelle; denn die Parzelle ist nicht göttlich, sondern menschlich.
Im ewigen Sein gibt es nicht die Kleinfamilien – es gibt die Familien in der Großfamilie Gottes. Sie grenzen sich untereinander nicht ab – sie leben mit allen Familien in der großen Einheit, in der bewußten Kommunikation.

Im ewigen Sein ist nichts verborgen; alles ist offen, weil alles gesetzmäßig ist. Nur der Mensch, der einiges zu verbergen hat, der also noch sündigt, schafft sich eine Parzelle, in die andere nicht oder nur teilweise hineinblicken dürfen.

Der Weg zu Gott führt über die Einheit, denn Gott ist die Einheit. Infolgedessen kann der Mensch, der sich aus der Einheit fernhält, nicht zu Gott gelangen.

Wer sich in die Einsiedelei zurückzieht, der lebt nicht die Einheit – er grenzt sich von den Menschen, von seinen Brüdern und Schwestern, ab. Der Einsiedler lebt meist nur in seiner Einsiedelei, weil er von der Welt und von den Menschen enttäuscht ist. Jede Enttäuschung aber ist menschlich und nicht göttlich.

Da der Einsiedler keine Kommunikation zu seinen Mitmenschen und zu seiner Umgebung hat, kann er sich nicht erkennen. Er glaubt sich dadurch Gott nahe – näher als seine Mitmenschen.

Das Leben in Gott ist nicht ein Leben der Enttäuschung, eventuell der Verbitterung, wodurch sich der Mensch in die Einsiedelei begibt. Zum Einsiedler kann der Mensch auch dann werden, wenn er glaubt, das Göttliche nur durch die äußere Stille erfahren zu können. Das Zurückziehen in die äußere Stille der Einsiedelei ist nicht die Stille im Herzen des Menschen, die fern ist von dem Getöse der niederen Gedanken und Wünsche.

Der wahre Weise durchschaut die Gefahren weltbezogenen Lebens, die „Brille der Täuschung"

Bruder Emanuel offenbarte:

Taucht die Seele allmählich in den Ozean Gott ein, dann hat die Erlösung in ihr den Abschluß gefunden. Dann ist auch das Leben des weisen Menschen weitgehend unpersönlich, denn er hat das Persönliche, vor allem das Niedere, Menschliche, überwunden. Der wahrhaft weise Mensch, der zu einem klaren Denker geworden ist, hat an sich selbst erfahren, daß das Menschliche, die drängenden Wünsche und Leidenschaften, nur Schatten, Blendwerk dieser Welt sind. Sie sind die „Brille der Täuschung", durch welche die Realität, das wahre Leben, nicht erkennbar ist.

Gabriele:

Das Eintauchen der Seele in den Ozean Gott bedeutet, daß das Erlöserlicht der Seele auf dem Weg zur Vollendung ganz allmählich wieder in das Urlicht einfließt. Nach der siebten Stufe ist es vollbracht: Der Tropfen, die Seele, hat wieder heimgefunden; sie ist eingetaucht in den Ozean, Gott.

Schon ab der vierten Stufe geht das Erlöserlicht schrittweise ins Urlicht zurück, bis der Tropfen ganz im Urlicht wirksam ist. Dann ist auch das Leben des wei-

sen Menschen weitgehend unpersönlich; er ist nicht mehr auf die Person bezogen, sondern gottbewußt.

Der Mensch wird erst dann zum wahrhaft klaren Denker, wenn er seine Verschattungen, das menschliche Ich, mit Christus weitgehend umgewandelt hat. Er weiß sich durch das göttliche Band verbunden mit allen Lebensformen und mit seinen Mitmenschen. Er hat seinen Nächsten in sich selbst gefunden, denn jeder Mensch ist ein Teil seines Nächsten.

Da alles in allem enthalten ist, so ist die positive Kraft unserer Nächsten auch in uns – und somit sind wir in ihnen. Wer in diesem Bewußtsein lebt, der richtet und urteilt nicht mehr; denn er weiß: Richtet und verurteilt er seinen Nächsten, so richtet und verurteilt er sich auch selbst, da sein Nächster ein Teil von ihm, dem wahren Selbst, ist.

Bruder Emanuel sprach:

Der wahre Weise richtet und urteilt nicht mehr, denn er hat an sich selbst erfahren, daß ein Mensch, der sein Denken, Sinnen und Trachten einzig auf die Materie ausgerichtet hat, wie im Traum lebt, eingesponnen in die Trugbilder seines Ichs. Mit den Facetten seines menschlichen Ichs, die sein Bewußtsein einengen, macht er sich dann etwas vor, das er für gut, angenehm und real ansieht und sein Leben nennt. In Wirklichkeit ist es nur die Wunschwelt seiner Gedanken, die sich eventuell für kurze Zeit erfüllt. Ist ein solcher Wunschtraum vorbei, hat der auf die Materie ausgerichtete Mensch also ausgeträumt, dann baut er sich in Gedanken eine weitere Traumwelt auf. Wird ihm das erfüllt, was er sich gedanklich zurechtgelegt hat, dann ist er wieder eine geraume Zeit glücklich und zufrieden – so lange, bis er wieder erwacht und erkennen muß: Es ist vorbei; dies alles sind Täuschungen, es sind Begriffe, Spiegelungen von Realität, die, von der Wirklichkeit, vom Geistigen, her betrachtet, nur ein Aufblitzen des menschlichen Ichs sind.

Solche Täuschungen sind oftmals Einspiegelungen von Seelen oder Energiefeldern, die dem Menschen über seine Gedanken und die vorübergehende Erfüllung seiner Wünsche eine Wirklichkeit vorgaukeln. In dieser scheinbaren Realität ist nicht nur der Mensch für kurze Zeit glücklich und zufrieden, sondern auch die Seelen, die eventuell an diesem Traumleben des Menschen teilhaben, da sie Gleiches oder Ähnliches auch noch in sich tragen und sich dies durch den traumwandlerischen Menschen erfüllen. Eine solche Energieabgabe an niedere Seelen, die dadurch von ihrer geistigen Weiterentwicklung abgehalten werden, ist gegen das Gesetz und den Willen Gottes.

Mit der Zeit werden solche Menschen zu Schauspielern: Sie machen sich etwas vor, was sie selbst gar nicht sind. Im weiteren Verlauf ihres Erdendaseins leben sie dann in den Träumen der Vergangenheit und übersehen dabei ihr gegenwärtiges Leben. Sie sind Tag um Tag, Stunde um Stunde mit ihrem Ich beschäftigt, so daß sie kaum mehr Zugang zu der Wirklichkeit des Inneren Lebens haben.

Der weise Mensch, der vom Traum zur Wirklichkeit gefunden hat, schaut seine Mitmenschen so, wie sie sind, nicht, wie sie schillern.

Jeder Mensch war einmal mehr oder weniger ein Schauspieler. Wer das erkannt hat und mit Christus seine hartnäckigen Trugbilder überwinden konnte, der hat zur inneren Freiheit und zur inneren Klarheit gefunden. Durch seine Verwirklichung und durch die Erfüllung der ewigen Gesetzmäßigkeiten, die ihm dadurch bewußt wurden, fielen seine Masken. Aus der Perspektive seiner Reifegrade schaut er nun die Masken seiner Mitmenschen und blickt auch hinter diese Maskerade. Er durchschaut sie also, weil er zu sich selbst gefunden hat und in seinem Innersten auch zu seinem Nächsten.

Vom Sein, dem Gesetz Gottes, aus, erkennt der Weise, daß die Menschen, die nur ihrem intellektuellen Hang nachgehen, ihre Meinungen und Vorstellungen mit allen ihnen verfügbaren Kräften verteidigen und das Fähnchen ihres Ichs nach dem Wind richten. Damit sind sie der Welt, die viele Gefahren birgt, schutzlos ausgeliefert. Solche Menschen wurden und werden zum Spielball ihres eigenen Ichs und zum Spielball außerirdischer Kräfte. Diese wirken auf die Menschen über deren Wünsche, Leidenschaften und Triebe ein – und bewirken durch sie wiederum viel Menschliches. So wird der Weltbezogene zum Abhängigen und Sklaven seines eigenen Ichs; ein solches Leben des Getriebenseins nennt er „das Leben".

Unsere Masken,
den Schein, erkennen

Gabriele:

Besitzen wir innere Freiheit, dann lehnen wir uns an keinen Menschen an, weil wir die Dinge durchschauen, weil wir den inneren Reichtum entfaltet haben. Nur derjenige lehnt sich an seinen Nächsten an, der von seinen Mitmenschen etwas erwartet. Er erwartet, daß ihm sein Nächster dies oder jenes erfüllen und geben soll – das, was er selbst nicht besitzt. Das ist Unfreiheit und Unklarheit. Ein solcher Mensch hat keine Standfestigkeit, weil er auch seinen eigenen Bewußtseinsstand noch nicht kennt.

Die innere Klarheit ist der Stein des Weisen, der in vielen Facetten leuchtet und der Seele und dem Menschen ständig Impulse sendet. Diese Klarheit ergibt sich aus der unmittelbaren Verbindung mit dem Christus-Gottesgeist – es ist das Leben in Christus und mit Christus.

Wenn wir von Masken sprechen, dann meinen wir das, was der Mensch zu verbergen hat. Mit vielen Worten verbirgt er, was er nicht preisgeben möchte, was ihm jedoch aus dem Gesicht strahlt. Er setzt ein Lächeln auf; hinter dem Lächeln strahlen die Aggressionen, der Neid, der Haß und die Feindschaft hervor. Das zeichnet ihn, und das wird auch vom wahren Weisen geschaut.

Wer seine Masken abgelegt hat, der wird sich nicht mehr anlehnen; er wird nichts mehr erwarten – er wird geben, denn er hat den inneren Reichtum erlangt. Ein solcher Mensch hat zur inneren Klarheit gefunden; er steht mit dem Kristall Inneren Lebens, dem Stein des Weisen, in Kommunikation. Die Facetten des Kristalls – die Aspekte des Göttlichen, die Gesetzmäßigkeiten des absoluten Seins – sind freigelegt und geschliffen.

Die inneren Reifegrade sind Aspekte des Göttlichen in uns. Es sind die aufblitzenden Facetten aus dem Stein des Weisen. Mit diesem Licht schauen wir tiefer und blicken hinter die Masken und hinter die Maskerade des menschlichen Ichs.

Aus der Perspektive unserer Reifegrade, also mit dem, was wir verwirklicht haben, können wir die Masken unserer Mitmenschen schauen und sie somit durchschauen. Blicken wir noch durch die Schleier unseres Ichs, unserer Entsprechungen, Wünsche, unserer Ichbezogenheiten, dann werden wir werten und urteilen. Wer aus der Perspektive seiner Verwirklichung Menschen oder Dinge und Geschehnisse, die auf ihn zukommen, betrachtet, der wertet und urteilt nicht; der Stein des Weisen wird ihm immer die Lösung zuspiegeln oder das rechte Wort zur rechten Zeit.

Prüfen wir uns selbst:
Haben wir geistige Reifegrade erlangt? Können wir Menschen, Dinge und Geschehnisse im göttlichen Licht und mit dem göttlichen Licht erkennen?

Solange sich der Mensch mit Meinungen und Vorstellungen begnügt, so lange meint er – und weiß nicht. Er stellt sich selbst etwas vor und erkennt sich darin nicht.

Vorstellen heißt, etwas vor sich hinzustellen und es nicht selbst zu sein. Wer nicht ist, der will sein und scheinen. Er richtet das Fähnchen nach dem Wind, er redet süß und denkt doch sauer. Er hat noch nicht zur Aufrichtigkeit und schon gar nicht zur Gerechtigkeit gefunden. Wer so denkt und handelt, der sollte sich fragen, ob er überhaupt lebt.

Nehmen wir uns die Spiegelbetrachtung als Aufgabe: Betrachten wir uns im Spiegel. Schauen wir uns kritisch an. Strahlt aus uns die Klarheit oder die Verschlagenheit?

Auch unser Nächster ist unser Spiegel. So, wie wir ihm begegnen, so reagiert er.

Wie reagieren wir auf seine Reaktionen? Bleiben wir im Äußeren freundlich? Sind unsere Gedanken unfreundlich? Was will uns das sagen?

In vielen Fällen zeigt auch unser Nächster, wer wir sind.

Prüfen wir uns, wo wir stehen. Der Spiegel zeigt es uns.

Täuschen wir uns selbst, indem wir uns nur vormachen, auf der vierten Stufe zu sein? Oder sind wir von unserem Ich so geblendet, daß wir uns selbst nicht mehr erfassen können? Dann sind wir gute Masken-

bildner und Schauspieler, die sich täglich mühen, nicht aus der Rolle zu fallen, und sich bald selbst nicht mehr spüren, weil ihre Gefühls- und Empfindungswelt taub geworden ist.

Das Sein in uns ist Klarheit, ist Offenheit, ist Geradlinigkeit, ist Selbstlosigkeit, Souveränität, Dynamik und unpersönliche Liebe in jeder Situation.

Der wahre Weise lebt mit seinem Nächsten in Harmonie und Frieden

Bruder Emanuel offenbarte:

Wer jedoch zum Unpersönlichen, zum Inneren Christus, gefunden hat, der ist auch von Christus, vom Gesetz des Lebens, geschützt. Menschen auf der Evolutionsstufe des Ernstes sind weitgehend in das unpersönliche Leben hineingereift: Sie fühlen, empfinden, denken, sprechen und handeln gemäß ihrem hohen Verwirklichungsgrad selbstlos. Dies bewirkt in ihnen die Kraft Gottes, die denjenigen einhüllt und schützt, der dem unpersönlichen, selbstlosen Leben zustrebt und mit seinem Nächsten in Frieden lebt, anstatt mit ihm in Gedanken oder Worten zu ringen.

Wer wahrhaft die Bewußtseinsstufe des Ernstes erreicht hat, der lebt mit allen Menschen in Harmonie und Frieden. Mit allen Menschen in Frieden zu leben heißt, jeden Menschen anzunehmen und das Positive, das Geistige, im Nächsten aufzunehmen, so daß die positiven Kräfte seines Nächsten in ihm lebendig sind. Mit diesen positiven Kräften hat er auch Zugang zu seinem Nächsten.

Gabriele:

Oft ist zu hören: „Es ist schwer, mit seinen Mitmenschen in Harmonie und Frieden zu leben." Unser Gei-

stiger Lehrer, Bruder Emanuel, sprach: „Wer wahrhaft die Bewutßseinsstufe des Ernstes erreicht hat, der lebt mit allen Menschen in Harmonie und Frieden." Was will uns dies sagen?

In Harmonie und Frieden mit den Mitmenschen zu leben heißt, mit ihnen nicht zu streiten, nicht zu zanken und nicht in Unfrieden zu leben.

Der wahre Weise streitet und zankt nicht; er strahlt Harmonie und Frieden aus. Er wirkt nicht bestimmend auf seinen Nächsten ein; er läßt seinen Nächsten so, wie er ist, sofern dieser in seinem Menschlichen leben möchte. Er bewahrt die Kommunikation, indem er mit ihm in seinem Innersten verbunden bleibt; denn das Innerste jedes Menschen strahlt Harmonie und Frieden aus, weil es das Unbelastbare, das Göttliche, ist.

Ich wiederhole: Der wahre Weise streitet und zankt nicht. Er lebt mit seinem Nächsten in Frieden. Wer streiten und zanken möchte, der hat den freien Willen, dies zu tun. Mit einem wahren Weisen jedoch kann er nicht zanken und streiten. Der wahre Weise wird ihn aufklären, und so sein Nächster die Aufklärung nicht annimmt, wird er ihn so belassen, wie er ist; denn jeder hat den freien Willen. Jeder kann sich frei entscheiden, in Frieden oder in Unfrieden zu leben.

Gleiches zieht immer wieder zu Gleichem. Die positiven Kräfte im Menschen sehnen sich nach Harmonie und Frieden. Infolgedessen kann auch ein streitsüchtiger Mensch zu einem friedvollen Menschen geführt werden, damit er von diesem Impulse des Friedens und der Wegweisung zur Reinigung seiner Seele erlangt.

Gegenwärtiges Leben ist selbstloses Geben. Wer im Gesetz Gottes, der fließenden Energie, lebt, dem dient das Gesetz. Weise sind gute Planer

Bruder Emanuel offenbarte:

Der wahre Weise, der Mensch auf der Stufe des Ernstes also, hängt nicht mehr seiner Vergangenheit nach. Er sorgt sich nicht um die Zukunft. Er lebt bewußt im Jetzt. Da er konzentriert und auf das Wesentliche bezogen ist, plant er mit Christus, dem Inneren Helfer und Ratgeber, und führt den Plan auch mit dem Geiste Christi aus. Er hortet weder Geld noch Gut. Er wird sich nicht im Materialismus, im äußeren Reichtum und Luxus ergehen, da er den inneren Reichtum der Seele erschlossen hat.

Menschen mit entfalteten inneren, geistigen Werten werden keine Bettler sein. Was sie benötigen – und auch darüber hinaus –, schaffen sie durch die Kraft des Geistes. Menschen im Geiste Christi sind Menschen der Tat. Sie legen ihre Hände nicht in den Schoß. Sie erfüllen das Gesetz „Bete und arbeite" und wirken im Gemeinwohl für ihre Nächsten.

Wessen Seele reich ist, der lebt auch nicht in äußerer Armut. Steht die Seele im Glanze Gottes, dann wird auch der Mensch nicht darben. Sein niederes Ich ist umgewandelt in die Macht des Ich Bin.

Der Mensch auf der vierten Stufe kann mit Recht sagen: „Ich bin in Gott erblüht, und Gott wirkt durch mich."

Gabriele:

„In Gott erblüht" ist der Mensch, der aus dem Inneren Leben schöpft. Er ist die Rebe am Weinstock des Herrn.

Der wahre Weise braucht sich um die Zukunft keine Gedanken zu machen; denn die Glut seines Inneren ist die Glut der göttlichen Liebe. Aus dieser Glut schöpft und empfängt er. Er wird alles empfangen, was er benötigt – und er wird weit mehr erhalten; denn er ist der Mensch der Gegenwart, der auch entsprechend selbstlos gibt.

Jeder Mensch soll planen. Ein Plan bezieht sich immer auf die Zukunft. Der Weise wird sich jedoch nicht darum sorgen, ob er in der Zukunft das erhält, was er für die Zukunft geplant hat. Er legt den Plan in Gottes Hand und lebt in der Gegenwart, im Jetzt. Er läßt sich auch im Plan führen, so daß Tag für Tag der Plan korrigiert oder erfüllt werden kann.
Der Mensch des Geistes braucht weder Geld noch Gut zu horten, weil er im Inneren reich geworden ist, weil er durchglüht ist von dem Geist der Liebe. Nur der Mensch, der im Materialismus schwelgt, in Reichtum und Luxus, der sorgt sich um das Morgen, weil er im Heute keine Beständigkeit findet. Die Angst um das Morgen wischt das Heute aus. Er ist getrieben und gejagt, unablässig besorgt, seine Güter zu vermehren und sie zu bewahren. Nach dem Gesetz von Saat und Ernte werden sie ihm aus den Händen rinnen, in gleicher

Weise, wie er sie vermehrt hat und bewahren wollte – entweder in dieser oder in einer seiner nächsten Einverleibungen. Er verliert, was er hortet.

Wer durch die Erfüllung im Gesetz Gottes lebt, das fließende Energie ist, dem dient, dem gibt und den erhält das Gesetz. Wer den Kreislauf des Lebens, der in Geben, Empfangen und Weitergeben besteht, unterbricht und blockiert, indem er die göttlichen Energien heruntertransformiert und an sich bindet, der arbeitet gegen das ewige Gesetz.

Wer im Äußeren für sich persönlich Besitz und Reichtum schafft, der ist schon im Inneren verarmt. Der wahre Weise ist der im Inneren Reiche. Er setzt seine Tatkraft für das große Ganze ein, für das Wohl aller.

Der wahre Weise lebt nicht in den Tag hinein – er plant die Tage und die Stunden. Er gibt sich einiges vor, doch er klammert sich nicht daran.

Prüfen wir uns, ob wir gute Planer sind. Wenn nicht, dann nehmen wir uns dies zur Aufgabe: Wir planen unsere Tage und unsere Stunden, legen den Plan in das Bewußtsein Christi und lassen uns von Ihm Tag für Tag führen, so auch durch unsere Planung.

Durch Bewußtseinserweiterung wächst der werdende Weise in das Gemeinwohl hinein und trägt Verantwortung für das Wohl aller

Bruder Emanuel sprach:

Ich wiederhole:
Wer sich zu Recht auf der Stufe des Ernstes befindet, der spürt in sich die Nähe Gottes. Die Nähe des Ewigen ist das unpersönliche, selbstlose Fühlen, Empfinden, Denken, Sprechen und Handeln. Es sind die positiven Kräfte, Gott.

In einem Menschen, der in diesem beständigen Evolutionsprozeß lebt, erweitert sich stetig das Bewußtsein. Dadurch wird die Seele wieder das Geistwesen, das im Gesetz Gottes, im universellen Geist, dem göttlichen Ozean, lebt.

Mit dem allmählichen Eintauchen der Seele in den Ozean, Gott, schließt sich der Kreislauf des Erlöstseins. Christus ist dem weitgehend rein gewordenen Wesen wieder der göttliche Bruder und nicht mehr der Erlöser. Dann ist also unser wahres Sein dem Sohn Gottes ganz bewußt wieder Bruder oder Schwester geworden.

Um auch als Mensch das Bewußtsein der Bruderschaft in Christus zu erlangen, müssen sowohl die Seele als auch der Mensch den Läuterungsweg gehen, den Weg nach Golgatha. Er beginnt am Fuße des Berges mit der Ordnung der Gedanken, der Zügelung der Rede, der Bemeisterung der Sinne. Es ist der Innere

Weg zum Herzen Gottes. Haben Seele und Mensch die vierte Stufe erreicht, dann ist Golgatha weitgehend überwunden.

Gabriele:

Ist von den selbstlosen Gefühlen, Empfindungen, Gedanken, Worten und Handlungen die Rede, so sollte uns bewußt sein, daß das die Sprache des Gesetzes Gottes ist. Denn Gott ist selbstlos; Gott ist absolute, gebende Liebe.

Eine Aufgabe für uns: Sind wir selbstlos?
Immer wieder werden wir geprüft, auf daß wir uns selbst erkennen: Wir begegnen Menschen; wir führen Gespräche mit unseren Mitmenschen; wir erhalten Anweisungen vom Arbeitgeber. Wie reagieren wir? Sagen wir nur „ja" und denken „nein"? Sind wir wirklich selbstlos in Wort und Tat? Sind also unsere Unterkommunikationen weitgehend aufgelöst? Unsere Gefühle sagen es uns ganz deutlich.

Erweitert sich in einem Menschen, der in dem beständigen geistigen Evolutionsprozeß lebt, stetig das Bewußtsein, so ist dies an seinem Verhalten und der Lebensgestaltung abzulesen. Sein Verhalten, seine Sprechweise, seine Gestik und Mimik verändern sich kontinuierlich. Er erlangt andere Lebensqualitäten. Er streitet nicht mehr. Er versucht, Frieden zu schaffen. Er bemüht sich, seinem Nächsten zu helfen, ohne Anerkennung und Lob zu erwarten.

Jeder, der den Inneren Weg ernsthaft geht, lebt in diesem Evolutionsprozeß. So könnten wir uns fragen und uns als Aufgabe mitnehmen:

Haben wir uns verändert? Sind wir neu geworden oder immer noch der alte Adam, der Mensch der Vergangenheit?

Wessen Bewußtsein sich erweitert, der erfaßt auch mehr; er hat den Umblick und hat gleichzeitig den Einblick in viele Dinge, die um ihn geschehen. Er geht nicht mehr mit Scheuklappen durch diese Welt. Er sieht, was vor ihm ist, was hinter ihm ist, was rechts und links, oben und unten ist. Er hat also den Durchblick, den Weit- und Umblick.

Er ist der werdende Weise, der in das Gemeinwohl hineinreift und Verantwortung für das Wohl aller trägt. Er hat den Durchblick im Gespräch und in der Planung. Auch im betrieblichen Leben hat er den Umblick und den Weitblick. Durch sein erweitertes geistiges Bewußtsein ist es ihm auch gegeben, den Einblick und den Durchblick in die weiteren Betriebe des Gemeinwohls zu haben.

Menschen mit geistigen Werten sind die Belange des Großen und Ganzen ein Anliegen. Der werdende Weise sucht und findet in allen Dingen des Lebens die göttlichen Gesetzmäßigkeiten und tritt mit ihnen in Kommunikation. Dadurch erwachen in ihm Fähigkeiten und Eigenschaften, die ihm vorher nicht bewußt waren. Er sieht die Dinge in einem ganz anderen Licht und weiß, wie sie zu handhaben sind. Er ist nicht mehr der Mensch, der nur Befehle erteilt oder ausführt – er ist ein Mensch, der nach seinen Kräften vieles aus seinem Bewußtsein heraus vollbringt und seinen Nächsten mit Hinweisen, Hilfe und Rat selbstlos zur Seite steht. Er selbst ist kein Befehlsempfänger und will auch seinen Nächsten nicht mehr befehlen.

Die Bruderschaft in und mit Christus – das unpersönliche Leben in der Fülle

Bruder Emanuel offenbarte:

Jede Seele muß früher oder später die Evolutionsstufen von der Ordnung bis zur Barmherzigkeit gehen, denn keine Seele kann mit ihren Belastungen das kosmische Bewußtsein, Gott, erreichen.

Durch die Erlösertat ist Christus, der Sohn Gottes, der Innere Weg zum Herzen Gottes und zugleich der Wegweiser zum höchsten Bewußtsein, Gott. Als Jesus von Nazareth sagte Er sinngemäß: Keiner kommt zum Vater, nur durch Mich.

Wer also die Evolutionsstufe des Ernstes wahrhaft betreten hat, der lebt weitgehend im Bewußtsein Christi und wird auch von Christus, seinem göttlichen Bruder, weitergeführt werden bis hin zum ewigen Sein, zur Vollendung des Lebens. Dann lebt sein geistiger Leib von Ewigkeit zu Ewigkeit in Gott. Ist das Geistwesen wieder mit dem ewigen Vater geeint, so ist im Geistleib das Ich Bin, das ganze ewige Gesetz, zur Vollreife gelangt und strahlt in die Unendlichkeit.

Auf der Evolutionsstufe des göttlichen Ernstes beginnt also die Bruderschaft in und mit Christus und mit allen Menschen, die ihr Ich, das Persönliche, das Niedere, weitgehend überwunden haben und in das unpersönliche Leben, in den Geist Gottes, eintauchen. Menschen in der Bruderschaft Christi sind miteinander, weil sie füreinander sind. Sie lieben einander selbstlos und sind – mit menschlichen Worten gesprochen – ein Herz und eine Seele. Sie stehen gemäß ihrem Verwirklichungsgrad im ewigen Gesetz und wirken aus diesen Facetten der Liebe. Das ewige Gesetz der Liebe verbindet sie. Mit dieser geistigen Kraft ausgestattet, stehen sie sich gegenseitig in jeder Situation bei und richten sich dabei ausschließlich nach dem Willen Gottes, denn mit Seiner Hilfe vermögen sie alles.

In der Gleichheit, Freiheit, Einheit und Brüderlichkeit und in der Gerechtigkeit in und mit Christus wirken sie für alle Menschen, so daß auf Erden Friede wird und sich die Welt wandelt und erhellt, die willigen Menschen im Christusgeist erwachen und – als Folge der Erlösertat – wieder zum Ursprung ihres Lebens finden, zu Gott, dem allumfassenden Ozean, in das Ich Bin.

Gabriele:

Die Vollendung des Lebens erlangt zu haben heißt nichts anderes, als wieder göttlich zu sein. Ist die Vollreife erreicht, dann stehen im geistigen Körper wieder alle Aspekte der Unendlichkeit mit der Unendlichkeit in bewußter Kommunikation.

Die Prinzipien Gleichheit, Freiheit, Einheit, Brüderlichkeit und Gerechtigkeit sind die Prinzipien des ewigen Gesetzes. Sie beinhalten das Leben in Gott und sind zugleich der Ausdruck Gottes, der allen Kindern die Unendlichkeit als Essenz und Kraft geschenkt hat. Die Begriffe Gleichheit, Freiheit, Einheit, Brüderlich-

keit und Gerechtigkeit umschreiben das göttliche Erbe; daraus besteht der göttlich-geistige Leib.

Aus den Prinzipien Gleichheit, Freiheit, Einheit, Brüderlichkeit und Gerechtigkeit erwächst das Friedensreich Jesu Christi.

Bruder Emanuel offenbarte weiter:

Menschen auf der Evolutionsstufe des göttlichen Ernstes erfüllen Tag für Tag mehr und mehr die Gesetze Gottes. Dadurch löst sich das Persönliche, das noch vorhandene, kleine menschliche Ich, auf. An die Stelle des Persönlichen, des Mein und Dein, tritt das unpersönliche Leben, das alles durchströmt und ewig gibt. Solche Menschen stehen mitten im Leben und ruhen trotz aller äußeren Umstände, Wirren und Schwierigkeiten in Gott.

In Gott ruhen heißt: Die menschlichen drängenden und hartherzigen Gedanken schweigen.

Wenn der Mensch den inneren Reichtum, den Ursprung der Quelle, gefunden hat und daraus zu schöpfen vermag, dann wird er unmittelbar vom Gesetz, Gott, geführt. Deshalb mangelt es ihm auch an nichts. Er findet z.B. zu Gleichgesinnten, die miteinander das eine Ziel haben, sich hin zum Göttlichen zu entwikkeln. Menschen im Geiste Christi lieben einander selbstlos. Deshalb teilen sie auch miteinander, weil sie füreinander sind. Voraussetzung für ein echtes Gemeinschaftsleben in Christus, in dem das Gesetz der Liebe zu fließen vermag, ist auch das Gesetz „Bete und arbeite".

In dem Maße, wie sich Menschen mit der Kraft Christi geistig entfalten, wirken sie auch für ihre Mitmenschen in der Welt. Denn nur durch die Erfüllung des Gesetzes „Bete und arbeite" können sich die Menschen eines Volkes aus der Sklaverei ihres Ichs und aus der Gewalt menschlicher Herrschaft und menschlicher Machenschaften befreien.

Menschen, die im Geiste des Herrn leben, die also die ewigen Gesetzmäßigkeiten Gottes in allen Lebensbereichen anwenden, werden nach dem göttlichen Gesetz auch den entsprechenden Erfolg haben. Sie sehen ihn nicht als ihre Leistung an. Sie leben in Gott und wissen, daß Gott fließende Energie ist. Sie betrachten nichts als ihr Eigen; deshalb horten sie nicht Geld und Güter. Sie wissen: Wer Geld und Gut bindet, wer das Mein und das Dein schafft, wer alles auf sich bezieht und sich dadurch einengt, wird einst darunter leiden. Der veräußerlichte Mensch, der nur seinen irdischen Reichtum zu vermehren trachtet und damit sogar wuchert, wird einst – im Seelenreich oder als Mensch in weiteren Einverleibungen – die Verarmung seiner Seele zu spüren bekommen. Das Gesetz von Ursache und Wirkung bringt alles an den Tag.

Wer die Gesetze Gottes entfaltet hat, der lebt auch in der inneren Fülle. Er wird daher nichts sein Eigentum nennen und keine größeren Werte für sich behalten. Er läßt die Energien zum Wohle aller fließen, so, wie auch Gott Seine Lebensenergie nicht zurückhält. Er, der große Strom der Liebe, das ewige Gesetz, strömt unermüdlich. Wer sich dem ewigen Strom zuwendet, der empfängt – und gibt auch weiter. Wer sich abwendet, der verarmt.

Wer im ewigen Strom steht, in Gott, der die Fülle ist, denkt gar nicht daran, Geld und Gut zu horten und große Güter sein Eigen zu nennen. Er ist im Inneren reich und wird im Äußeren nur der Verwalter dessen sein, was dem Gemeinwohl, dem Leben der Gerechtigkeit, dient, das von dem Bewußtsein Gleichheit, Freiheit, Einheit und Brüderlichkeit getragen ist.

Ein gesetzmäßiges Leben eint Menschen untereinander und verbindet sie in der Bruderschaft Christi. Sie beten und arbeiten miteinander und teilen miteinander, was Gott ihnen schenkt. Gottes Gaben sind reich für die Menschen, die Gottes Willen erfüllen. Einer steht dem anderen in selbstloser Liebe und Brüderlichkeit bei, und jeder setzt seine Talente und Fähigkeiten für die Nächsten ein. Alle wirken mit Christus für alle Menschen, die guten Willens sind.

Innerer Reichtum macht das Herz des Menschen weit, und Gottes Geist kann durch ihn hindurchströmen. Äußerer Reichtum hingegen macht das Herz des Menschen eng. Diese Enge bewirkt Ichbezogenheit, die zur Vereinsamung und Verarmung führt, wenn auch der Mensch scheinbar viele Freunde und Gönner hat. Er mißtraut ihnen, weil sein enges Herz fürchtet, sie würden ihn betrügen, bestehlen und auszehren.

Erkennet: Gleiches zieht Gleiches an.

Menschen mit einer solchen Gesinnung werden immer wieder Gleichgesinnte anziehen, das heißt solche, die ebenfalls dem Rausch des Äußeren verfallen sind und so denken und leben wie sie. Wer sein Inneres entfaltet hat – von der Ordnung bis zur göttlichen Weisheit –, der ruht in Gott und ist eingetaucht in die Urempfindung des heiligen Seins, in den Ozean der Unendlichkeit, der alle Wesen und Lebensformen eint.

Der göttlich Werdende hört auf, menschlich, ichbezogen zu denken. Er füllt seine Gedanken mit dem heiligen Gesetz, Gott, so daß jeder Gedanke dem Ursprung des Inneren Lebens entströmt, das göttlich ist. Reine Gedanken sind das Quellwasser Inneren Lebens, welches die Seele des Nächsten tränkt, das innere Heil fördert und die Menschheit zu höheren Idealen und Werten führt. Deshalb lasse nur den Gedanken zu, der selbstlos ist, der vom Leben, dem Gesetz Gottes, durchdrungen ist. Das sind dann die heiligen Empfindungen als Gedanken in dir. Die Urempfindung, die Sprache der reinen Wesen, ist das Gesetz, Gott. Sie setzt sich im Menschen in unpersönliches Denken und Reden um.

Unpersönliches Fühlen, Empfinden, Denken, Sprechen und Handeln ist göttlich.

Erkenntnis der eigenen Reifegrade – Selbstkritik. Wachsamkeit und Gottverbundenheit

Gabriele:

Das unpersönliche Leben macht keine Unterschiede. Es liebt nicht den einen mehr und den anderen weniger. Es ist nicht für den einen und gegen den anderen. Das unpersönliche Leben ist das Prinzip der Gleichheit. Gott liebt alle Seine Kinder gleich. Infolgedessen soll auch der zu Gott Strebende keine Unterschiede machen. Das unpersönliche Leben wertet nicht, indem es sagt: „Dies ist gut, und das ist schlecht." Damit würde es Gott bewerten.

Das unpersönliche Leben spricht auf der Materie: „Dieses ist gut, und jenes ist weniger gut." Das ist keine Bewertung, sondern eine Formulierung unter Menschen als Hinweis auf einen Zustand, gemessen am Absoluten, dem Gesetz. Diese Gradmessung – gut, weniger gut – bezieht sich stets auf Gegebenheiten im Relativen, auf der Materie. Der Kern, der Inhalt des Guten und weniger Guten ist immer gut, weil er göttlich ist. Und was aus Gott, dem einzig Guten, ist, das ist gut, gleich göttlich; es ist absolut.

Aufgaben für uns:
Nimm dich in jeder Situation zurück, und reagiere göttlich; denn du kennst die Gesetze Gottes.
Wenn du sprichst, dann fülle deine Worte mit dem Inneren Leben.

Frage dich immer wieder: Ist das, was du sagen möchtest, wesentlich? Ist es wesentlich, dann sprich aus dem Sein. Ist es unwesentlich, dann schweige, denn du wirst diese Worte niemals mit der Kraft Gottes zu füllen vermögen.

Bruder Emanuel sprach:

Das Fühlen, Empfinden, Denken, Sprechen und Handeln gotterfüllter Menschen ist also weitgehend in Einklang mit dem göttlichen Gesetz. Gelangen Seele und Mensch in Übereinstimmung mit dem ewigen Ozean, Gott, dann durchschaut der Mensch auch seinen Mitmenschen. Er sieht die Hülle, den Menschen, und liest an seiner Gestalt, an seiner Erscheinung, an seiner Ausdrucksform und an den Bewegungen seine Denk- und Lebensweise ab; gleichzeitig schaut und erspürt er den Tropfen, die Seele, das werdende Geistwesen.

Gabriele:

Der gesamte Schulungstext für die Stufe des Ernstes zeigt dem aufmerksamen und selbstkritischen Schüler, wo er steht. Ist der Wanderer zu Gott wach und bereit, die noch bestehenden Verschattungen aufzulösen und mit Christus umzuwandeln, wird er sich immer fragen: Erfülle ich das, was dargelegt ist? Habe ich es schon entwickelt?

Kann er die Frage mit ja beantworten, dann wird er die geistige Stärke zum Wohle seiner Mitmenschen und des großen Ganzen im Dienste Christi einsetzen. Muß er erkennen, daß es ihm noch an Reifegraden mangelt, so wird er sich fragen: Warum habe ich dieses oder jenes noch nicht erfüllt oder entwickelt?

Unser Geistiger Lehrer, Bruder Emanuel,
offenbarte:

Für den wahrhaft Weisen ist jeder Mensch ein offenes Buch, in welchem er zu lesen versteht: Er schaut sowohl die positiven als auch die negativen Seiten seiner Mitmenschen, und er kann auf alle Fragen und Situationen dieses buntbebilderten Buches menschlichen Ichs die rechte Antwort und Lösung geben. Diese innere Schau kommt aus dem erschlossenen geistigen Bewußtsein. Es ist der Stein des Weisen, der in unzähligen Facetten der ewigen Wahrheit leuchtet, der dem gotterfüllten Menschen in einem Augenblick alles offenbart und ihn auch das verstehen läßt, was seine physischen Augen sehen und die Seelenaugen wahrnehmen. Dem Weisen – der gottgeeinten Seele – ist also weder etwas fremd, noch ist ihm etwas verborgen.

Der gotterfüllte Mensch ist – ebenso wie alle Menschen – in die Tage hineingestellt, um das zu erfüllen, was ihm der Tag bringt. Er ist sich dessen bewußt und lebt daher in der Bewußtheit und Klarheit seines Empfindens und Denkens, das stets in Gott und daher gegenwärtig ist. Er wird nicht versäumen, dem Tag schon am frühen Morgen wachsam zu begegnen. Mit seinem Fühlen und Denken ist er im Tagesgeschehen, und somit steht er mit dem Lichte des Tages in der Kommunikation, in der Einheit. Dadurch kann ihm der Tag jene Gedanken und Ereignisse zuspiegeln, die für ihn und sein Leben, ja für jede Situation und Tätigkeit, notwendig sind, um sie zu erkennen und gesetzmäßig zu lösen. Diese Wachsamkeit und Gottverbundenheit macht den gotterfüllten Menschen auch zu einem guten Planer. Sein Tages- und Wochenplan ist flexibel und hat auch Raum für Unvorhersehbares.

Restbestände des menschlichen Ichs: Erinnerungen, Entsprechungen. Latente Programme in der Seele

Unsere Schwester Gabriele erläuterte:

Lieber Bruder, liebe Schwester, auf der Stufe des Ernstes lesen wir sehr oft das Wort „weitgehend". Damit möchte unser Geistiger Lehrer, Bruder Emanuel, sagen, daß auf allen Evolutionsstufen, von der Ordnung bis zur Stufe des Ernstes, noch Restbestände von Menschlichem in uns aktiv sein können – es muß jedoch nicht so sein; es kommt auf die Art und Intensität unserer Belastungen an.

Es ist möglich, daß auch auf der Stufe des Ernstes noch ein Karma aufbricht, weil jede Grundkraft in der anderen als Unterregion enthalten ist. In der Stufe des Ernstes befinden sich also auch die Unterregionen der Ordnung, des Willens und der Weisheit.
Sind z.B. im Bereich der Ordnung noch Belastungen, dann werden sie spätestens auf der Stufe des Ernstes aufbrechen, damit wir sie erkennen und bereinigen können. Wer bewußt auf der Stufe des Ernstes ist, wer also die drei zurückliegenden Stufen weitgehend erfüllt hat, wird diese Ursächlichkeiten mit der Kraft Christi sehr rasch bemeistern. Denn der geistig erwachte Mensch weiß, daß jeder Tag, jede Stunde und jede Minute kostbar ist. Wir alle sind auf Erden, um

göttlich zu werden, und die Tage sind Perlen in unserem irdischen Dasein.

Wir wissen: Nach der vierten Evolutionsstufe werden wir auf dem siebenstufigen Pfad von Christus unmittelbar geführt. So weit, wie es von uns Menschen aufgenommen werden kann, lehrt uns Christus die gesetzmäßige Anwendung der ewigen Gesetze. Im Erlöserauftrag übernahm Christus auch die weitere Aufgabe, uns dem ewigen Vater zuzuführen, bis wir nicht mehr unser Ich, die menschliche Person, sind, sondern das Sein. Das Sein ist das Gesetz Gottes. Dann werden wir nicht mehr nach innen hören oder auf eine innere, gesetzmäßige Antwort oder Lösung warten. Wir s i n d dann die gesetzmäßige Antwort und Lösung. Wir sind der gesetzmäßige Gedanke und das gesetzmäßige Wort. Wir sind die gesetzmäßige Handlung. Unsere Seele ist dann zum Geistwesen im Menschen geworden. Das Geistwesen im Menschen ist das Sein, das göttliche Gesetz, Gottes Ebenbild. Es braucht nicht zu hören, zu erbitten und zu warten. Es ist das Sein, die Wahrheit selbst.

„So weit, wie es von uns Menschen aufgenommen werden kann", heißt: Christus verwendet unseren Wortschatz, um uns die ewigen Gesetze zu übermitteln. Infolgedessen kann Er uns nur so weit entgegenkommen, wie wir es mit unseren Worten und in unserer dreidimensionalen Welt begreifen können.

So lebt und wirkt dann das Geistwesen, das Sein, im Menschen und durch den Menschen. Der Mensch ist der „Handschuh" des Geistwesens, das im Willen Got-

tes lebt. Er setzt das in Gedanken, Worte und Handlungen um, was das Sein dem Menschen, der Hülle, zustrahlt.

Deshalb wird Christus in uns noch einmal alles das ansprechen, was an menschlichen Aspekten noch in uns liegt.
Das ist jedoch nur dann möglich, wenn die ungezügelten Leidenschaften und Triebe, das Abwerten des Nächsten, der Zweifel an Gott oder die Besserwisserei, Unstimmigkeiten mit unserem Nächsten oder eventuell sogar Streit und Neid nicht mehr bestehen. Christus führt uns also dann unmittelbar, wenn nur noch Restbestände von Menschlichem in uns vorliegen – wir können auch sagen: nur noch menschliche Gewohnheiten.
Es kann sich auch aus dem Energiepotential der Erinnerungen, die im Ausklingen sind – die also allmählich zur Ruhe kommen –, einiges wieder aktivieren; z.B. dann, wenn ein Arbeitstag sehr anstrengend war. Auch das ist kein Hinderungsgrund für Christus, uns unmittelbar zu führen.
In der Seele können latent auch noch Programme für weitere Inkarnationen liegen, die unter Umständen in ihrem Auftrag begründet sind. Sie können durch äußere Umstände angestoßen und in Bewegung gebracht werden. Entstehen daraus keine Belastungen, nützt also der Mensch die Erkenntnisse, die aus der Seele hochsteigen, und setzt er sie für das große Ganze ein, dann können Seele und Mensch schon in dieser Einverleibung manches bewirken, was dann in den nächsten Einverleibungen schon erfüllt ist. Wenn also

in dieser Inkarnation das Auftragspotential weitgehend erfüllt werden konnte, kann sich die Seele unter Umständen eine oder einige Einverleibungen ersparen.

Wie erkennen wir, daß noch menschliche Programme da sind, die in diesem Leben noch bereinigt werden sollen? Eine Hilfe ist folgende Aufgabe:
Beobachten wir unseren Körperrhythmus. Werden oder sind wir hektisch, dann will uns dies sagen, daß aus unserer Seele Unbereinigtes hochstrahlen und sich uns mitteilen möchte. In unserer Gefühlswelt erkennen wir, ob diese Unruhe durch menschliche Programme ausgelöst ist. Bitten wir Christus um Beistand, um diese Programme zu erkennen, dann wird Er uns auch helfen. Nehmen wir Gedanken wahr, also Aspekte aus diesen Programmen, so heißt es für uns, sie so rasch als möglich mit Christus zu bereinigen.
Auch eine Euphorie kann uns auf noch bestehende Programme hinweisen.

Es ist möglich, daß in der Seele eines Menschen, der sich auf der vierten Evolutionsstufe befindet, noch Entsprechungen liegen, deren Aktivierung erst für weitere Inkarnationen vorgesehen war. Diese können durch äußere und innere Bewegungen jetzt schon aktiviert werden. Sind auf der Stufe des Ernstes einige Entsprechungen zu bereinigen, dann wird der Herr, der Christus-Gottesgeist, den Schüler noch eine geraume Zeit mittelbar führen.
Wir sind in keiner Situation allein gelassen, auch nicht in den Augenblicken, in denen Entsprechungen,

also Sünden, aktiv werden und sich entweder in den Gedanken oder am Körper zeigen. Wer bewußt lebt, erkennt die Zeichen und wird sie dann auch mit der Kraft Christi, mit dem Inneren Licht, betrachten und das Erkannte bereinigen.

Wer dies ohne Zögern tut, der ist von Christus geschützt und empfängt Seine Kraft, auf daß er in Kürze das zu beheben vermag, was sich an Sündhaftem gezeigt hat. Der Schutz des Christus-Gottesgeistes ist die Gnade, die verstärkt wirkt, wenn der Mensch unverzüglich das bereinigt, was ansteht.

Auch in der Nacht, wenn der Körper schläft, kann die Seele in den Seelenreichen mit Seelen das bereinigen, was sie erst in weiteren Einverleibungen hätte beheben können.

Die Gnade Gottes wirkt also vielfältig.

Das in Gott ruhende Bewußtsein prägt den Menschen und sein Verhalten. Sein Leben wird zur Anbetung Gottes

Gabriele:

Befinden sich in der Seele nur noch geringe „Unebenheiten", dann verläuft das Leben auf der vierten Evolutionsstufe weitgehend ruhig und friedvoll. Die Tage bringen dann keine allzugroßen Höhen und Tiefen mehr. Vermag also der ewige Geist ohne große Hindernisse durch Seele und Körper zu strömen, dann sind wir weitgehend ausgeglichen und harmonisch: Wir reifen in das Sein hinein. Wir bleiben in jeder Situation klar, besonnen und ruhig.

Die innere Harmonie ist das dynamische, rhythmische Leben, das Fließen der Gotteskräfte. Die geistige Dynamik bringt uns Wachsamkeit gegenüber allem, was auf uns zukommt. Dadurch ist es uns auch möglich, jede Situation und alles, was auf uns zuschwingt, im Lichte des Ewigen zu schauen und darin gleichzeitig Antwort und Lösung zu finden.

Die Tage des weisen und gotterfüllten Menschen, in welchen kaum mehr Resonanzen von Menschlichem auftreten, bringen ihm nur noch selten Persönliches. Sie stehen im Zeichen des Wirkens für seine Mitmenschen. Der Tag gibt ihm sodann Weisungen und Aufgaben für seine Nächsten – nicht nur für ihn persönlich. Die Tage führen dem wahren Weisen auch ernsthaft suchende Menschen zu, die ihn wahrhaft brauchen –

nicht, die er braucht. Der gotterfüllte Mensch braucht seinen Nächsten auch nicht mehr als Spiegel.

Der Weise schaut in seinen Mitmenschen, was diese noch verdecken. Aus dem ewigen Gesetz wird er ihnen dann so weit helfen, wie er es vermag und wie es für die Seele seines Nächsten gut ist. Der wahre Weise achtet den Willen seines Nächsten. Er wird auf ihn nur dann zugehen, um ihm zu helfen und zu dienen, wenn dieser es wünscht.

Der wahre Weise ist ein Fels in der Brandung, ein Leuchtturm positiver Energien, ein Wegweiser für viele, ein selbstloser Helfer und Diener der Menschheit.

Wir denken über den Satz nach:
„Mein Leben verläuft ruhig, doch dynamisch und wachsam."

Unser Leben verläuft dann ruhig, dynamisch und wachsam, wenn wir nicht mehr über uns, die Person, nachdenken, wenn das noch bestehende Menschlich-Persönliche uns nicht mehr drängt, sondern nur noch vorhanden ist, um als Mensch das Leben auch im Äußeren so zu gestalten, wie es dem lichten Inneren entspricht.

Stellen wir uns folgende Fragen:
Ruhen wir in Gott?
Prüfen wir unser Fühlen, Empfinden und Denken! Sind es lautere, selbstlose Gefühle, Empfindungen und Gedanken? Womit beschäftigen wir uns also?
Ist unser Fühlen, Empfinden und Denken vom Göttlichen durchdrungen? Sind unsere Gedanken Gottesgedanken?

Wenn ja, dann sind auch unsere Sinne zu feinen Antennen geworden, die alles wahrnehmen, das Göttliche und das Ungöttliche. Dann kann auch das Oberbewußtsein, der Mensch, die innerste Wahrnehmung registrieren, weil die Gehirnzellen frei sind von unlauteren, ichbezogenen Programmen. Die feinsten Antennen unseres wahren Seins nehmen alle noch bestehenden, kleinen Unebenheiten unseres menschlichen Ichs wahr und ebenso die unserer Mitmenschen. Das ist dann das feinste Wahrnehmen, das Sensitive, von dem wir so oft hören und sprechen.

Prüfen wir uns: Leben wir bewußt im und mit dem Tag? Stehen wir in jeder Situation – einerlei, was auf uns zukommen mag – mit Gott in Kommunikation? Können wir umschalten, das heißt, uns mit dem Inneren Licht in uns verbinden, um dann aus der ewigen Quelle zu schöpfen und zu geben?

Der Ablauf ist folgendermaßen: Sind wir wahrlich in das Bewußtsein, Gott, eingekehrt, dann liegen unsere fünf geläuterten und verfeinerten menschlichen Sinne wie feine Fühler auf dem göttlichen Resonanzboden, auf dem geistigen Bewußtsein. Sie stehen in unmittelbarer Verbindung mit den feinsten Antennen unseres wahren Seins. Sie übermitteln unserem Oberbewußtsein, was das göttliche Bewußtsein in uns – wir nennen es auch den inneren Seismographen oder den Inneren Helfer und Ratgeber – signalisiert.
Der göttliche Strom, das Gesetz des Alls, fließt unermüdlich. Kann das ewige Gesetz, der Geist Gottes,

weitgehend ungehindert durch unsere Seele und durch unseren Körper strömen, dann ist auch unsere Körperstruktur verfeinert. Wir wissen: Unsere Gefühle, Empfindungen, Gedanken und Sinne prägen unseren Körper. Was wir fühlen, empfinden und denken, das sind wir, das wirkt sich auch am Körper und in unserem ganzen Verhalten aus.

Vermag das Gesetz Gottes, die Liebe, uns zu durchströmen, dann zeichnet sich auch im Alter die innere Jugend ab. Das Lächeln des geistig gereiften älteren Menschen ist mild und verständnisvoll; der Mensch spricht die Sprache der Freiheit. Er bedrängt seine Mitmenschen nicht. Sein oberstes Gebot ist die selbstlose Liebe, die jedem Menschen die Freiheit läßt. Wenn er auch alles registriert, sowohl echtes als auch vorgetäuschtes Verhalten seiner Mitmenschen, so bleibt er dennoch besonnen und tolerant. Er läßt sich nicht vor den Wagen der Intoleranz spannen, indem er das erfüllt, was seine Mitmenschen von ihm an Ungesetzmäßigem verlangen. Er bleibt dem ewigen Gesetz treu, auch dann, wenn seine Nächsten ihn deshalb abwerten, verurteilen oder sogar verlassen.

Haben wir diese Standfestigkeit erreicht, dann können wir sicher sein, daß wir auf dem Inneren Weg von der Evolutionsstufe der Ordnung bis zur Stufe des Ernstes den Brunnquell in uns weitgehend erschlossen haben. Wir gingen den Weg zur inneren Quelle, zum Bewußtsein Christi, von außen nach innen. Wir schöpfen nun aus dem Quell des Lebens. Das bedeutet: Wir leben fortan von innen nach außen.

Bruder Emanuel offenbarte:

Das Leben im Geiste Christi ist verinnerlichtes Leben, erfülltes Denken, Sprechen und Handeln.

Der Mensch ist verwandelt – vom weltbezogenen Menschen zum gottbewußten Menschen. Trotzdem steht er mit allen seinen Kräften im irdischen Leben und erfüllt auch im Alltag Gottes Willen. Mit dieser Verwandlung des Menschen wandeln sich auch seine Gebete. Er bittet, bettelt und fleht nicht mehr im Gebet. Er ist weitgehend zum Gesetz geworden, zum Sein. Ihm dient der Strom des Heils, das Gesetz, weil es ihn zu durchströmen vermag. Dadurch wird sein Leben zum Gebet. Die Seele, das Sein, lobt, preist und ehrt den Allmächtigen und erfüllt durch den Menschen das Gesetz. Das ist echte Anbetung. Im stillen Dank rühmen Seele und Mensch die unendliche Liebe Gottes, zu der sie selbst entsprechend ihrem großen Verwirklichungsgrad geworden sind.

Der gotterfüllte Mensch hat die positiven Kräfte, die Gotteskräfte seines Nächsten in seinem geistigen Bewußtsein erschlossen. Daher kann er auch jeden seiner Mitmenschen annehmen. Bei dieser Kommunikation mit den Seelenkeimen seines Nächsten fällt von ihm jedes menschliche Urteilen, Verurteilen und Richten ab. Er weiß, daß alles Menschliche wieder auf den Absender zurückkommt. Das menschliche Sendepotential des niederen Ichs baut die Staudämme auf, welche die Wasser des Lebens nicht mehr ungehindert fließen lassen.

Das Buch des göttlich Erfüllten

Bruder Emanuel:

Der erfüllte Mensch, der weitgehend geeint ist mit Christus und seinem Nächsten, wird nun das Mystische Tagebuch abschließen, denn es ist in ihm weitgehend vollbracht. Ihn begleitet nun das „Buch des göttlich Erfüllten".

Der Inhalt dieses Buches ist das Wort Christi an Seinen Bruder oder an Seine Schwester. Der erfüllte Mensch hält in Stichworten oder sinngemäß das fest, was ihm sein göttlicher Bruder aus der Tiefe seiner Seele, aus dem Sein, zustrahlt.

Nicht alles kann der Mensch im Gedächtnis behalten. Deshalb bedarf es der Niederschrift.

Die Lehren des göttlichen Bruders Christus zur unmittelbaren Führung seines Schülers erfolgen im Innersten des göttlich erfüllten Menschen. Sie sind einzig für diesen persönlich bestimmt, also nicht für Zweite oder Dritte. Um das Wort Gottes empfangen zu können, bedarf es keiner Techniken und Praktiken. Einzig die Verwirklichung der Gesetzmäßigkeiten Gottes erschließt das geistige Bewußtsein des Menschen, in welchem Gott wohnt.

Der Tagesablauf.
Das unpersönliche Gebet, das Allgebet

Bruder Emanuel:

Auf der Evolutionsstufe des Ernstes wird der Bruder, die Schwester im Geiste des Herrn jeden Morgen mit Gott, unserem Vater, und mit Christus beginnen. Beim Erwachen weiht der erfüllte Mensch seinen ersten Gedanken dem Ewigen, Gott, unserem Vater, und Christus, seinem göttlichen Bruder, und den Wesen des Lichts, mit denen er über Christus ebenfalls verbunden ist. Der Gott zugewandte Mensch übergibt sich dem ewigen Strom Gott, der durch ihn und durch den erwachenden Tag fließt. Er lobt, preist, ehrt und rühmt Gott, der ihm den neuen Tag geschenkt hat. Alle Eindrücke, welche die wachen Augen schon registrieren, nimmt er in sein lichtes Bewußtsein auf, um das Wahrgenommene aus dem Licht der Wahrheit zu betrachten und anzusprechen, sofern dies notwendig ist.

Die göttliche Liebe ist ewig verbindend. So wird auch der Morgengruß des Gotterfüllten an seine Lieben, die ihn eventuell geweckt haben oder um ihn sind, Verbundenheit und Wohlwollen ausdrücken und gleichzeitig für sie ein Lichtstrahl für den neuen Tag sein.

Hat der Gotterfüllte sich von seinem Nachtlager erhoben, dann richtet er sich nach Osten aus. Er hebt seine Arme empor und nimmt die strömende Schöpferkraft auf, die seine Seele und seinen Körper durchdringt. Anschließend reinigt er seinen Körper und kleidet sich an.

Dann begibt er sich in den Raum oder in die Gebetsnische, wo er auch bisher schon meditiert und gebetet hat. Sein Gebet strömt zu Gott und in die Unendlichkeit. Das Gebet einer liebenden Seele erfüllt das ganze All. Es strahlt auch zu allen Menschen und Wesen, zu allem Sein. Auf diese Weise übergibt sich der Gott Zugewandte der ewigen Schöpferkraft und dem Vater-Mutter-Prinzip, aus dem das in ihm pulsierende lichte Wesen hervorging und in dem es lebt.

Gabriele:

Das nachfolgende Gebet regt zur Selbsterkenntnis an, indem der Mensch sich fragt, ob seine Geistigkeit, das Innere Leben, so weit entfaltet ist, wie ihm das Gebet übermittelt. Lebt er wahrlich in dieser Bewußtheit, dann kann er getrost sagen: Ich habe mein Menschliches weitgehend überwunden und bewege mich so weit im Ozean des All-Einen.

Diese Gebetsworte sind nur als Anleitung gegeben. Jeder betet zu Gott entsprechend seinem erwachten Liebeherzen.

Allgebet:

Die weitgehend gereinigte Seele betet den All-Einen an in Gefühlen, Empfindungen, Gedanken, Worten und Taten, denn sie ist weitgehend eins mit dem allmächtigen Allgesetz, dem unendlichen Geist der Liebe. Der vom Geiste durchglühte Mensch betet:

Ich bin in Deiner heiligen Stille.
Meine Seele ruht in Deinem heiligen Bewußtsein,
und meine Körperzellen sind durchglüht
von Deiner Weisheit und Kraft.
Mein Atem geht ruhig und tief.
Meine Gefühle, Empfindungen und Gedanken
sind eins mit Dir, dem großen Geist.
Auch meine Worte und Empfindungen sind
schöpferische Kräfte, denn sie gehen
aus dem einen Strom hervor,
der Du bist, o Ewiger.

Eingetaucht in den Ozean unendlicher Liebe,
schöpferisch empfangend und gebend,
sende ich, Dein Kind, Deine heiligen, ewig liebenden
Kräfte der Weisheit und Größe in diese Welt.
Du strömst durch mich
zu allen meinen kranken Brüdern und Schwestern.
Durch mich berührst Du all jene,
die sich berühren lassen, und hilfst ihnen,
sich als Dein geheiligtes Lichtkind zu erkennen.

Ruhig geht mein Atem,
denn meine Seele ist eingetaucht in den Ozean
der unendlichen Liebe, Weisheit und Größe.
Aus der Fülle des Seins strömen heilende Kräfte
durch mich zu allen Kranken.
Sie sind berührt von dem heilenden Licht.
Durch mich strömen die unendlichen Kräfte
der Liebe und Weisheit zu allen
Brüdern und Schwestern auf der ganzen Erde.

*Heilende, mahnende, erweckende, stärkende
und führende Kräfte berühren die Menschen.
Immer mehr Brüder und Schwestern
erwachen im Inneren Licht.*

*Schöpferische, aufbauende und tröstende Kräfte
strömen zum gequälten Tier-, Pflanzen-
und Mineralreich.
Der ewige Schöpfergeist, welcher die Quelle,
der Urstrom und der Ozean ist,
strömt durch mich und erfüllt die Natur
mit Hoffnung, Kraft und mit der Erkenntnis,
daß die Evolution im Schöpfergeist bleibt –
ewiges Leben, ewige Entfaltung,
auch in der Natur.*

*Eingetaucht in den mächtigen Ozean der Liebe,
Weisheit und Größe, erfülle ich, was Gottes Wille ist.
So strömt durch mich Dein heiliger Wille.
Und so geschieht in meinem Gebet,
was Dein Wille ist, mein Herr und mein Gott..
Kräfte der unendlichen Liebe und Weisheit
durchströmen mich und ziehen hin
zu allen Seelen in den Stätten der Reinigung.
Christus, Du bist der Schild,
und durch diesen Schild strömt
meine Herzensempfindung zu allen entkörperten
Brüdern und Schwestern.
Im Gebet liegt die Erkenntnis, daß wir eins sind
im Geiste der unendlichen Liebe.*

*Durch das Gebet erfüllen sich die Kräfte
in vielen Seelen. Sie erwachen in ihrer
aktiven Schuld und bereinigen ihr Sündhaftes,
um einzugehen in die ewigen Wohnstätten
des ewigen Seins, wo wir alle vereint
und ewig zu Hause sind.*

*Heilig, heilig, heilig bist Du,
o ewig strömender Geist,
ewiger Ursprung der Quelle,
ewige Quelle, ewiger Ozean der unendlichen Liebe,
in dem wir uns bewegen und unser Dasein haben
ewiglich.*

*Mein Dank strömt in das ewige Sein
zu allen göttlichen Brüdern und Schwestern,
die mir beistehen und bei mir sind,
weil auch sie im Ozean der unendlichen Liebe und
Weisheit leben, wo auch meine Seele ist.*

*Großer Einer, All-Heiliger,
Seele und Mensch neigen sich vor Dir
im ewigen Dank, der besagt:
Dein Wille geschehe.
Ich bin Geist aus Deinem Geiste,
Liebe aus Deiner Liebe,
Weisheit aus Deiner Weisheit.
Ich bin ewiges, formgewordenes Gesetz.
Ich lebe im Strom
der sieben mal sieben Kräfte des Seins.
Ewigkeit, Ewigkeit, Ewigkeit -
das ist der Dank an die Ewigkeit.*

Bruder Emanuel:

Nach dem innigen Gebet bleibt dann der geistige Mensch still und nach innen gekehrt, um in der Zwiesprache die ersten Weisungen seines göttlichen Bruders für sich selbst zu empfangen.

Nach der Kommunikation mit dem Göttlichen notiert er in das Buch des göttlich Erfüllten, was ihm der göttliche Bruder, Christus, für diesen Tag offenbart hat.

Ruhend im ewigen Sein, wird er dann mit den Seinen das Frühstück einnehmen und den Tag beginnen.

Mit innerer Wachsamkeit und geistiger Dynamik nimmt er das an, was ihm der neue Tag bringt. Er wird mit dem Inneren Helfer und Ratgeber, dem Geiste seines göttlichen Bruders Christus, während des Tages alles erfüllen, was gesetzmäßig ist.

Menschen im Geiste Gottes leben in jeder Situation von innen nach außen. Sie lassen sich nicht bedrängen und drängen. Sie sind dynamisch, klar, konzentriert und haben ihre Bewußtseinskräfte auf die jeweilige Situation ausgerichtet, um diese so rasch wie möglich zu beheben oder in Bewegung zu bringen.

Einerlei, auf welcher Evolutionsstufe sich der Mensch befindet, das Gebot lautet für jeden: Bete und arbeite.

Um die Mittagszeit schließt der Gotterfüllte mit Christus den Vormittag ab. Er verbindet sich wieder bewußt mit seinem göttlichen Bruder.

Allmähliches Erschließen der Innenschau

Bruder Emanuel:

Durch diese Kommunikation mit dem Geiste der Wahrheit wird der Mensch immer sensitiver für die Dinge und Geschehnisse, die in der Welt und in seiner nächsten Umgebung ablaufen. Er weiß, was gesetzmäßig und was ungesetzmäßig ist, und weiß auch die gesetzmäßige Lösung.

Durch das immer tiefere Eintauchen in den ewigen Ozean, Gott, entfaltet er immer mehr sein geistiges Bewußtsein und vermag immer allumfassender hineinzuempfinden. Somit werden auch die Antworten und Lösungen aus dem Geiste des Lebens in ihm klarer, und er vermag sie allmählich allumfassend zu verstehen.

Hat der Mensch das gesetzmäßige Wahrnehmen gelernt, dann wird sich ihm auch die Innenschau erschließen. Dann schaut und weiß er gleichzeitig die Tiefe der Dinge und Geschehnisse. Er schaut nicht göttliche Bilder, sondern die Situation bildhaft, in welcher er auch gleichzeitig erkennt, was gesetzmäßig zu tun ist.

Gabriele:

Dem geistig Erwachten strahlt der Gesamtkomplex zu. Er zeigt sich ihm anders als einem Unerwachten. Dieser nimmt nur die äußere Hülle, die äußere Strahlung, wahr und sieht den Komplex entsprechend sei-

nem Bewußtsein. Der erwachte Mensch jedoch nimmt die Tiefenstrahlung der Situation und des Komplexes wahr; er sieht ihn völlig anders als der Unerwachte.

Eine Übung, die wir durchführen können, wenn einer unserer Nächsten einverstanden ist:
Wir betrachten ihn sodann von innen her, das heißt, wir lassen seine Gesamtstrahlung auf uns wirken. Wir erfassen nicht nur sein äußeres Erscheinungsbild, sondern lassen den Gesamteindruck in uns wirksam werden. Der geistig Erwachte erfährt dann in seinem Inneren, in welcher Gedanken- und Wunschwelt sein Nächster lebt.
Unser Nächster wird uns dann die Rückmeldung geben. Dann wissen wir, ob unser Inneres aktiv ist, ob der innere Seismograph, unser göttliches Bewußtsein, uns präzise zu führen vermag. Gleichzeitig erkennen wir auch, ob das Göttliche in unserem Nächsten in uns lebendig ist.

Bruder Emanuel offenbarte:

Die Sprache des Seins ist das Göttliche im Menschen, das sich im göttlichen Sein als reines Bild offenbart, denn die Sprache des Seins ist eine bildhafte Sprache, in welcher alle Details zu schauen und zugleich zu verstehen sind. Diese Sprache des Seins ist die bildhafte Schau in der Tiefe der Seele des Menschen. Es ist das göttliche Bewußtsein im Menschen. Es gibt dem Oberbewußtsein die Übermittlung entweder in Empfindungen und Gedanken oder in einer bildhaften Schau, die sich im dreidimensionalen Bild offenbart. Es ist die Wahrnehmung, die Ausstrahlung der Gesamtheit.

Ist diese Sensitivität erwacht – wenn der geistig Erwachte die vier Stufen des Inneren Weges weitgehend vollendet hat –, dann ist die Seele das Sein im Sein geworden. Das Hineinempfinden, um das Sein zu vernehmen, hört dann auf, weil die Seele das Sein geworden ist, das Gesetz selbst. Der Mensch erhält dann das Gesetzmäßige vermittelt, ohne hineinempfinden zu müssen, weil seine Seele in Gott, dem Sein, lebt und seine Gehirnzellen beständig vom Gottesgesetz belichtet werden können. Das heißt: Die Gehirnzellen sind auf das göttliche Bewußtsein in ihm, auf das Sein, ausgerichtet, weil sie von den Programmen des Wollens, des Wünschens und der Leidenschaften gereinigt sind. Der auf die Welt bezogene Intellekt ist nun zum Instrument der Intelligenz, Gott, geworden.

Das Leben des gotterfüllten Menschen ist selbstloses Dienen

Bruder Emanuel:

Menschen in Christus gehen auch in den Nachmittag mit Christus, denn sie denken und leben von innen nach außen.

Auch am frühen Abend – wenn möglich, vor dem Abendessen – sollte der erfüllte Mensch sein Tagewerk mit Christus beschließen. Wieder taucht der Tropfen aus Gott – die Seele und der Mensch – bewußt in den ewig fließenden göttlichen Strom ein, um die Weisungen des göttlichen Bruders für sich zu empfangen.

Vermittelt der Christusgeist dem zu Gott Strebenden weitere Weisungen für seinen Lebensweg, dann sollte er auch diese im Buch des göttlich Erfüllten festhalten.

Menschen des Geistes befinden sich bewußt im Strom des Lebens, in dem Lichte der Wahrheit, das selbstlose Liebe, Frieden und Harmonie ausstrahlt.

Die selbstlose Liebe, den Frieden und die Harmonie wird der von Gott Erfüllte auch in seiner Familie ausstrahlen. Er wird auch Verständnis haben für das dort noch bestehende Menschliche, das seine Umwelt noch für selbstverständlich hält. Er selbst wird sich jedoch nicht in die Niederungen des Menschlichen begeben. Gotterfüllte Menschen streben die Gemeinschaft mit Gleichgesinnten an. Wer von der Liebepflicht einer Familie entbunden ist, der lebt in der Bruderschaft mit Gleichgesinnten und strebt als Einzelner die Großfamilie an. Ist seine Familie auf demselben Gottesweg, so wird sie mit mehreren Familien der Großfamilie zustreben, die eine Einheit in Gott bildet. Denn so, wie alle Familien des ewigen Seins in Gott eine Einheit sind, so soll es auch auf Erden werden.

Die Abendstunden bringen jedem das, was seinem innersten Wesen entspricht.

Der gotterfüllte Mensch hat das selbstlose Dienen gelernt und in sich entfaltet. Im großen Plan Gottes gibt es viele selbstlose Tätigkeiten. Wer in Christus lebt, der ist von Christus geführt.

Geistige Menschen sind niemals aufdringlich. Sie wirken unauffällig. Sie sind. Das heißt, sie strahlen innere Souveränität und geistige Sicherheit aus. Wenn sie helfen können oder für Aktivitäten gebraucht werden, so sind sie bereit. Jede Arbeit, die sie im Weinberg des Herrn annehmen, werden sie gewissenhaft erfüllen.

Eine selbstlose Tätigkeit für den Nächsten außerhalb der Tagesarbeit ist freiwillig und ohne Lohn. „Umsonst habt ihr es empfangen, umsonst sollt ihr es weitergeben." Für Menschen des Geistes ist es eine Selbstverständlichkeit, nicht nach Lob und Anerkennung zu trachten.

Kurz vor dem Schlafengehen wird der Gotterfüllte sich noch einmal mit dem ewigen Vater und mit seinem göttlichen Bruder Christus verbinden. Er wird dem Ewigen und Seinem Sohn alle Menschen und alles Sein anempfehlen und sich mit der ganzen Schöpfung verbunden wissen. In dem Bewußtsein, daß Gott auch der Friede und die Ruhe in der Nacht ist, geht er in den Schlaf, der auch „der kleine Bruder des Todes" genannt wird.

Hinweise auf Restprogramme durch die Tagesenergie. Erfassen und Bereinigen von noch diffusen tiefen Unterkommunikationen

*Hierzu sprach
unsere Schwester Gabriele:*

Lieber Bruder, liebe Schwester, jede Nacht birgt in sich auch wieder einen neuen Tag.

Da Gott, der Ewige, unser himmlischer Vater, uns als Menschen wieder in den neuen Tag stellt, wird uns auch dieser Erdentag wieder das sagen, was im Heute für uns ansteht.

Der Tag kommt zu uns als Freund. Wir erwachen, und er führt uns schon über Empfindungen und Gedanken in den Morgen und in die weiteren Stunden des Tages.

Was er auch für uns bereithalten mag – der Tag kommt immer als guter Freund. Er bringt uns nicht nur das Negative, sondern er bringt uns auch im Negativen das Positive.

Der Tag zeigt – in seinen Begebenheiten und Situationen, in den vielen Augenblicken – immer im Negativen das Positive auf. Wir erfahren es dann, wenn wir wachsam sind und uns selbst erkennen wollen.

In allem Negativen ist das Positive. So ist auch in den vielen Aspekten, die der Tag bringt, das Positive, Gott. Infolgedessen ist der Tag ein guter Freund – auch wenn er uns Krankheit und Leid bringt. Er bringt uns Krankheit und Leid nur deshalb, damit wir in der Krankheit und im Leid unser Menschliches und das Gute, das Positive, erkennen. So hilft uns der Tag, auch über Krankheit und Leid, Gott zu finden – wenn wir wollen.

Sind wir mit Gott verbunden, dann nehmen wir Gottes Gabe, den neuen Tag, als Freund und Begleiter an und lassen uns auch von ihm ermahnen und uns auf noch eventuell vorhandene menschliche Programme hinweisen.
Wir erhalten Hinweise auf mannigfache Art und Weise, z.B. über Geräusche oder Töne oder über Familienmitglieder, über Berufskollegen und -kolleginnen oder über Freunde und Bekannte oder über Ereignisse und Blickkontakte oder dadurch, daß wir in eine Situation hineingestellt werden, die uns an Begebenheiten in unserem Leben erinnert. An unserer Reaktion merken wir plötzlich, daß wir etwas nur verdrängt, also aufgeschoben und nicht aufgehoben, folglich nicht bereinigt haben. Auch der Geschmack einer Speise, die wir zu uns nehmen, kann in uns Erinnerungen oder noch Entsprechungen erwecken. Oder wir betasten einen Gegenstand und erkennen, daß in uns plötzlich eine Erregung aufsteigt. Weshalb? Am Gegenstand können z.B. Schwingungen haften, die auf einen ähnlich schwingenden Komplex in uns, also auf eine Entsprechung, einwirken. Dadurch verändert sich sodann unser Körperrhythmus.
Verändert sich der Körperrhythmus zum Harmonischen, zum Ausgeglichenen hin, dann zeigt er eine po-

sitive Entwicklung an. Ist unser Körperrhythmus disharmonisch, sind wir in unseren Bewegungen eckig, kantig oder fahrig, sprechen wir hart oder hektisch, dann neigt sich der Körperrhythmus zum Negativen hin und zeigt uns, daß in uns noch Entsprechungen zugrunde liegen.

Auf diese und ähnliche Weise werden wir immer wieder zu den in uns noch vorhandenen Restprogrammen geführt. Wir sollten dann die Ausschläge unseres menschlichen Ichs, unsere Reaktionen, prüfen. Diese Reaktionen unseres menschlichen Ichs kommen meist aus tieferen Seelenschichten, wo noch Programme wirksam sein können, die wir bisher noch nicht zu erfassen vermochten. Durch äußere Umstände können sie in unser Oberbewußtsein einstrahlen, um sich uns zu erkennen zu geben. Unser Weg heißt nun: Wir erkennen und bereinigen.

Manche Programme konnten wir bisher deshalb noch nicht erfassen, weil diese von den Gestirnen noch nicht angeregt wurden. Beschreiten wir jedoch den Weg zu Gott konsequent, so tragen wir mit dazu bei, daß ein rascherer Reinigungsprozeß der Seele vonstatten gehen kann.

Äußere Umstände, die in tiefere Seelenschichten Bewegung bringen, können plötzlich auftretende Situationen, z.B. ein leichterer oder schwerer Unfall sein, auch ein Schreck, der einen Schock auslöst. Dieselbe Reaktion kann erfolgen, wenn ein Mensch verfolgt oder von einem Tier angefallen wird, ebenfalls bei hohem Fieber, in extremen Streßsituationen oder bei Panik.

Auch Naturkatastrophen wie Erdbeben, Sturmfluten oder große Sturmböen können Schockreaktionen auslösen, so daß wir zu den tieferen Schichten unseres Unbewußten gelangen.

Wir wissen: In allem Negativen ist ebenfalls das Positive – auch in Naturkatastrophen. So, wie sie äußere Dinge auslösen, so lösen sie in vielen Menschen – durch den Schock – auch innere Reaktionen aus. Dadurch lockern sich tiefere Seelenschichten und geben weitere Ursachen zur Umwandlung frei.

Die tiefen Unterkommunikationen zeigen sich oftmals z.B. nur in Unbehagen, Traurigkeit oder Unlust. Sie liegen dann teilweise noch im Nebel; sie lassen sich nur erahnen und noch nicht greifen. Und doch spüren wir, daß in den Tiefen unseres Menschseins Kommunikationen laufen, die uns teilweise noch unbewußt sind.

Diese Programme, gleich Kommunikationen, liegen unter der Gefühlsebene. Ist unsere Gefühlswelt lauter, dann wird uns der Geist Christi entweder unmittelbar – durch Impulse – oder mittelbar über das Licht des Tages, über die Tagesenergie, diese noch diffusen Unterkommunikationen aufzeigen. Gott wird dann dafür auch Sorge tragen, daß sie uns heute bewußt werden, wenn wir davon auch nur einen Teil erfassen können – das also, was wir heute tragen und bereinigen sollen.

Wir werden uns also mit den nebulösen Kommunikationen nicht zufriedengeben. Der Tag hat sie angezeigt, und der Tag hat auch die Antwort.

Was tun wir also mit dem, was für uns teilweise noch im Verborgenen liegt?

Wir ziehen uns, sobald es uns möglich ist, zurück – eventuell in einen ruhigen Raum oder in eine ruhige Ecke oder, wenn wir zu Hause sind, in unsere Gebetsnische. Wir bitten im Gebet Christus, daß Er uns beistehen möge, das vom Tag Angezeigte zu erkennen.

Nun richten wir uns bewußt auf Christus aus. Wir werden also still, das heißt, wir sind ohne Gedanken. Dann „schalten wir auf Empfang". Wir spüren in die verschwommenen, tiefen Kommunikationsfelder hinein.

Plötzlich steigt ein Ahnen hoch; es entwickelt sich entweder zu einem Bild, in welchem wir erkennen, worum es geht, oder wir empfinden das, was noch ansteht, was erkannt und bereinigt werden sollte. Trotzdem bleiben wir weiter in der Stille, um das, was nun konkret werden möchte, anzuschauen und nachzuempfinden. Das ist mittelbare Führung.

Wir verharren still in der Frage: Was ist es, und wie kann es gelöst werden? Während des Nachempfindens steigt ganz allmählich die Lösung empor.

Haben wir nun eine Unterkommunikation oder einige Unterkommunikationen oder Teile davon erfaßt, dann lassen wir sie in uns nachschwingen. Spüren wir, daß wir das Programm oder die Programme oder Teile davon ergründen sollen, dann lassen wir das Erkannte etwas länger auf uns wirken und stellen gleichzeitig an den Komplex die Frage: Woher kommst du?

„Wir schalten auf Empfang" heißt für den Schüler auf der Stufe des Ernstes: Wir lauschen nach innen. Doch ist Achtung geboten! Wir sollten nur dann nach innen lauschen, wenn unser Bewußtsein weitgehend

gereinigt ist, wenn wir zur Wahrhaftigkeit gelangt sind und uns die Ernsthaftigkeit des Inneren Lebens bewußt ist. Das bedeutet für uns, daß wir nur dann nach innen lauschen, wenn wir wahrlich auf der Stufe des Ernstes stehen. Ist dies nicht gegeben, dann treten wir nicht mit den hohen, göttlichen Kräften in Kommunikation, sondern empfangen andere Frequenzen, z.B. Astralfrequenzen. Es ist auch möglich, daß wir Seelen anziehen, oder wir sprechen uns selbst, indem wir durch unser Wollen aus unserem Ich drängende Wünsche abrufen oder aus Wissensprogrammen empfangen.

In allem, was von innen oder von außen auf uns zukommt, ist zugleich auch die Antwort oder Lösung enthalten.

Haben wir nun einiges erkennen dürfen, dann sollten wir es gleich bereinigen und nicht weiter nachforschen, was eventuell noch alles in den Tiefen schwingen könnte. Muß uns noch einiges bewußt werden, dann wird es sich zur gegebenen Zeit melden und offenbaren.

Wir prüfen uns selbst: menschlich oder unpersönlich? Von Christus unmittelbar geführt oder mittelbar über die Tagesenergie – oder gesteuert durch Negativkräfte?

Gabriele:

Noch einmal sei gesagt: Diese soeben beschriebenen, tiefen Unterkommunikationen, die uns erregen und in Vibration bringen, sind noch Aspekte unseres menschlichen Ichs. Es sind also Teile des Persönlichen, das nichts mit dem unpersönlichen Leben gemeinsam hat. Vergegenwärtigen wir uns noch einmal: Alles ist in allem enthalten. So beinhaltet die Stufe des Ernstes die Unterregionen der Ordnung, des Willens und der Weisheit, so daß z.B. auf der Stufe des Ernstes noch Aspekte von der Stufe der Ordnung emporsteigen können.

Die kleinen oder größeren Erschütterungen lassen uns erkennen, wie weit wir auf dem geistigen Weg vorangeschritten sind, denn alles will uns etwas sagen. Wir können uns also jeden Augenblick selbst testen, wo wir auf dem geistigen Weg stehen:

Was uns erregt, ist noch menschlich, also persönlich.

Woran wir uns nur noch erinnern, das ist weitgehend in geistige Energie umgewandelt; es ist also bereits unpersönlich.

Was uns aus dem Göttlichen, dem Sein, zustrahlt, ist das unpersönliche Leben, ist unsagbare Liebe, Verbundenheit, Kraft und Freiheit.

Wir können also prüfen, ob uns der Tag noch viel Persönliches bringt oder ob er uns Unpersönliches zustrahlt.

Auf der Stufe des Ernstes sollen wir jedoch allmählich die Sprache des Seins sprechen, weil die Stufe des Ernstes die Christus-Gottes-Erfüllung ist.

Befinden wir uns auf der vierten Stufe, auf der Stufe des Ernstes, und ist auch unser Bewußtsein so weit gereift, daß es in sich die vierte Stufe erschließt, dann ist in uns das Golgatha-Opfer getilgt, weil wir auf dem Inneren Weg so weit gereift sind, um sagen zu können, unsere Seele ist wieder weitgehend göttlich. In uns hat sich dann weitgehend der Erlöserfunke erfüllt. Wir gehen dann auch allmählich in den Strom der Urkraft über durch die Erfüllung der göttlichen Gesetze. Dann sind die vier ersten Stufen des Gesetzes, die göttliche Ordnung, der göttliche Wille, die göttliche Weisheit und der göttliche Ernst, in der Seele und im Menschen weitgehend aktiv.

Steigt hin und wieder Persönliches auf – Erregungen, Ärger und dergleichen –, so soll das nicht heißen, daß wir noch nicht der Stufe des Ernstes angehören. Wir müssen uns jedoch prüfen, in welchen Punkten wir immer wieder in gleiche oder ähnliche Menschlichkeiten zurückfallen. Werten wir z.B. immer wieder unsere Mitmenschen ab, sind wir immer wieder in Gedanken gegen sie, ärgern wir uns immer wieder über unwesentliche Dinge oder sind neidisch und eifersüchtig oder leben mit unseren Mitmenschen in Feindschaft und lassen uns immer wieder in Streitgespräche ver-

wickeln – dann befinden wir uns nicht auf der Evolutionsstufe des Ernstes. Denn wer die ersten Schritte hin zum Inneren Leben noch gar nicht erfüllt hat – Ordne deine Gedanken, zügle deine Rede und bemeistere deine Sinne –, der ist noch nach außen gerichtet. Wer also noch in dem Bewußtsein der Eifersucht, der Feindschaft, des Streits, der Mißgunst oder anderer Menschlichkeiten lebt, der läuft Gefahr, Negativkräfte anzuziehen, die ihn dann auch beeinflussen. Es wäre besser, er würde noch einmal den Inneren Weg beginnen.

Wie schon beschrieben, können noch menschliche Restprogramme in uns vorhanden sein. Diese sollen wir jedoch bereinigen. Christus kann uns nur dann unmittelbar führen und über Impulse das noch vorhandene Menschliche – die Restbestände unseres menschlichen Ichs – anregen, wenn wir uns mit unserem geistigen Bewußtsein in der Nähe des Christusbewußtseins befinden: auf der vierten Stufe. Sonst werden wir mittelbar geführt – oder werden gar gesteuert, nämlich dann, wenn wir uns selbst etwas vormachen und unser Wollen und unsere Wünsche zu Quellen der Inspiration werden lassen. Die Gefahrenquelle sind wir also selbst.
Reagieren wir auf Situationen noch sehr menschlich und kostet uns das Verinnerlichtsein Mühe, dann ist es gefährlich, den Lehrstoff der vierten Evolutionsstufe anzuwenden. Sollten wir das trotz all dieser Mahnungen und trotz der Selbsterkenntnis tun, dann können wir von Seelen oder von menschlichen Energiefeldern beeinflußt werden. Weder die göttliche Welt noch Brüder und Schwestern des Universellen Lebens können

dafür verantwortlich gemacht werden. Wer die Lehrbücher des Inneren Weges von der Evolutionsstufe der Ordnung bis hin zur Evolutionsstufe des Ernstes gewissenhaft durchliest, der findet immer und immer wieder Hinweise darauf, wie gefährlich es ist, auf dem menschlichen Weg zu bleiben und zugleich geistige Kräfte anzuwenden.

Das gilt für jeden Menschen, ob er – scheinbar – den Inneren Weg geht oder ob er noch ganz im Materiellen verwurzelt ist. Wer gegen die Gebote des Herrn denkt, spricht und handelt, ist ebenfalls in Gefahr, von Seelen und menschlichen Energiefeldern beeinflußt zu werden. Allein ein gesetzmäßiges Leben – die Verwirklichung der Zehn Gebote und der Lehren der Bergpredigt, welche die Basis des Inneren Weges sind – führt den Menschen nach innen und schützt ihn vor äußeren Einflüssen, vor „Umsetzt- und Besetztsein".

Um uns des Sinngehaltes der Zehn Gebote und der Bergpredigt, die praktische Hinweise für unser tägliches Leben enthält, bewußt zu werden, müssen wir den ersten Schritt erkennen und erfüllen: Was du nicht willst, daß man dir tu, das füge auch keinem anderen zu. Oder anders gesprochen: Was du willst, daß man dir tu, das tue du zuerst. Sind uns diese Gebote geläufig und erfüllen wir sie auch im täglichen Leben, dann fällt es uns um vieles leichter, sie anzunehmen und danach zu leben.

Über Sturheit und Unnachgiebigkeit.
Weise Menschenführung beläßt
die Entscheidungsfreiheit

Gabriele:

Ein Schüler auf dem Inneren Weg stellte die Frage: Was ist Sturheit?

Stur sein ist unnachgiebig sein. Wer unnachgiebig ist, will etwas für sich. Er möchte z.B. unter allen Umständen seinen Nächsten dazu bewegen, daß dieser das tut, von dem er glaubt, daß es richtig sei. Nur der ist unnachgiebig, der einer Situation nicht gewachsen ist, der also unsicher ist. Auch wer seine Mitmenschen nicht durchschaut, kann mit der Zeit hartnäckig werden, was zur Unnachgiebigkeit, zur „Sturheit", führen kann. Stur sein bedeutet auch, daß der Mensch an seine Meinungen und Vorstellungen gebunden ist. Lebt der Schüler noch in dieser seiner Meinungs- und Vorstellungswelt, dann wäre es besser, er würde den Lehrstoff der Stufe des Ernstes nicht anwenden.

Das bedeutet jedoch nicht, daß der Mensch auf dem Weg zum Inneren Licht in jeder Situation nachgeben soll. Ein geistig kluger Mensch spürt und erfaßt in seinem Inneren, wo er in kleinen Dingen nachgeben soll, um Größeres zu erreichen. Er erkennt, welches die unwesentlichen Faktoren eines Komplexes sind.

In den unwesentlichen Dingen wird er also nachgeben, um Größeres zu erreichen, dann, wenn das Größere dem Gesetz des Lebens entspricht.

Da die Weisheit aus Gott den Kern in jeder Situatin erkennt und ihn oftmals nicht anzusprechen vermag, weil sich der Nächste daraufhin aufbäumen würde, geht sie, die gleich Klugheit ist, vorsichtig zu Werke. Sie versucht, mit selbstlosen Worten zunächst den Kern durch Frage und Antwort einzukreisen. Kommt sie dann auf den Punkt, so hat sie den Nächsten so geführt, daß er seine Situation, die Wurzel seiner Ursachen, zu erkennen vermag, wenn er es möchte.

Die Weisheit aus Gott bricht nicht den Widerstand im Nächsten; sie weist hin und klärt auf. Bleibt der Nächste unnachgiebig, dann wird die Weisheit es so belassen, wie es der Nächste möchte; sie beachtet seinen freien Willen. Die Weisheit weiß, daß die Zeit zum Erkennen und zum Reifen für diesen Bruder, diese Schwester noch nicht gekommen ist. Deshalb schweigt sie.

Ein Schüler auf der Stufe des Ernstes berichtet aus seiner Erfahrung auf dem Inneren Weg:

In den vielen Jahren der Schulung auf dem Inneren Weg haben wir in unzähligen Beispielen erlebt, wie unsere Schwester Gabriele mit ihrem erschlossenen geistigen Bewußtsein auf ihre Geschwister eingeht, um ihnen zu helfen. Gerade in der Menschenführung geht sie ganz behutsam or. Sie läßt ihren Mitmenschen trotz deren noch vorhandener Fehler und Schwächen Spielraum, damit sie den nächsten Schritt zum ewigen Gesetz und zur Verwirklichung finden. Würden die Ge-

setzmäßigkeiten ohne Entscheidungsfreiheit dargelegt, dann wäre so mancher Schüler auf dem Inneren Weg gescheitert, weil er nicht mehr den Spielraum gehabt hätte, um sich selbst zu erkennen und zu bereinigen.

Wir haben es vielfach erlebt und erfahren: Wohl ist das göttliche Gesetz absolut, doch niemals wendet die Weisheit aus Gott Sein Gesetz ohne die Entscheidungsfreiheit an. Der Mensch mit erschlossenem göttlichen Bewußtsein schaut tiefer; er berücksichtigt bei seinem Nächsten die individuellen Gegebenheiten. Aufgrund ihres göttlichen Bewußtseins ist es unserer Schwester Gabriele möglich, sich mühelos auf das Bewußtsein des einzelnen einzustellen, ihm gerecht zu werden und beizustehen.

Gabriele:

Der geistige Mensch ist ein Mensch, dessen Seele einen hohen Läuterungsgrad aufweist. Wenn er einer Situation nicht gewachsen ist, fühlt er, daß er nicht mehr in die alten Fehler und Gewohnheiten zurückfallen darf – z.B. in Unnachgiebigkeit –, oder er erkennt es, wenn er auf Behauptungen zurückgreift, von denen er letztlich selbst nicht überzeugt ist. Er wird mit dem Inneren Helfer, mit dem Geist Christi, der zugleich auch Berater ist, in Verbindung treten und im Gebet Antwort und Lösung erbitten. Wer mit Christus, unserem göttlichen Bruder, verbunden ist, der hat den besten Beistand: Christus.

Das wahre Gebet ist eine kurze Anrufung. Denn wer wahrhaft auf der Stufe des Ernstes lebt, der ist erfüllt von den Kräften der Verwirklichung. Das Gebet an Christus ist dann die Anrufung, gleichsam die Anknüpfung an den Strom der Unendlichkeit, an das strömende Gesetz, Gott, in dem der Christus Gottes wirkt.

Christus ist jeder Seele und jedem Menschen Hilfe und Heil. Seine Hilfe und Seine Weisungen kommen jedoch nicht bei jedem Menschen an. Wer nach außen gekehrt ist und sich mit Materiellem beschäftigt, der kann nur bedingt von innen empfangen.

Gegensätzliche Gefühle, Empfindungen, Gedanken, Worte und Handlungen bilden negative Energiefelder, Energieknoten: das Ich-Gesetz

Noch einmal zur Ermahnung, die eine Warnung
an uns alle sein soll, belehrte uns
unser Geistiger Lehrer, Bruder Emanuel:

Mit Christus verbunden zu sein heißt zugleich, mit seinem Nächsten in Frieden zu leben.

Jeder negative Gedanke, einerlei, in welche Richtung er zielt, ist gegen Gott gerichtet.

Gegensätzliche Gefühle, Empfindungen, Gedanken, Worte und Handlungen bilden allmählich Energiefelder, wir können sie auch „Energieknoten" nennen. Es sind niedrigschwingende Frequenzen, die Seele und Mensch vom Strom des ewigen Gesetzes abdrängen.

Gott ist fließende Energie. Das reine Sein ist beständiges Fließen oder Strömen. Es kennt keine Hindernisse – es strömt. Der Mensch jedoch kann sich vom Strom des Lebens abwenden, indem er gegen die Gesetze Gottes fühlt, empfindet, denkt, spricht und handelt. Dadurch schafft er sein eigenes Gesetz, sein Ich-Gesetz, unter welchem er zu leiden hat. Im weitesten Sinne bewirkt dies, daß auch die Struktur des Menschen gröber wird, weil seine Sinne durch sein ungesetzmäßiges Fühlen, Empfinden, Denken, Sprechen und Handeln gröber werden, so daß er nur wieder Grobstoffliches, Materielles, also Niedrigschwingendes, aufzunehmen vermag.

Die Materie selbst ist niedere Schwingung. Sie ist nicht die Realität des Lebens, sondern heruntertransformierte Gottesenergie, Spiegelung der menschlichen Gedanken- und Sinneswelt. Diese heruntertransformierte Schwingung, die Materie, besteht aus dumpfen und harten Frequenzen. Im Vergleich zur ewig strömenden Energie, Gott, ist sie eine zähe Masse, ein zäher Fluß, sie ist der Widerstand, das menschliche Ich. Trotz alledem ist auch in der Materie die Gotteskraft, die darauf wartet, von Seele und Mensch angesprochen zu werden – denn Seele und Mensch besitzen den freien Willen –, um dann in Aktion zu treten und die Materie zu verfeinern.

Der Druck durch das menschliche Ich. Entsprechungen: Widerstände gegen das Göttliche

Unser Geistiger Lehrer, Bruder Emanuel:

Solange der Mensch sein eigenes Ichheitsgesetz schafft, das Gesetz von Saat und Ernte, wird er unter diesem zu leiden haben. Die göttliche Kraft in allem bleibt dann als erhaltende Kraft, das heißt, sie erhält Seele und Mensch am irdischen Leben, bis der physische Leib stirbt und der ewig lebende Geistleib, die Seele, weiterwandert.

Die ewig strömende Energie, die auch in der Materie wirksam ist, wird den Menschen nicht beeinflussen, sondern ihm nur in dem Umfang Impulse geben, wie sie den Sumpf des menschlichen Ichs durchdringen kann. Die Impulse sind für den Menschen Hinweise auf die Aspekte seines menschlichen Ichs, die ihm aufgezeigt werden, damit er sie beachten und mit Hilfe der Tagesenergie bereinigen kann.

Da eine große Anzahl von Menschen die Impulse Gottes, die tief in der Seele gegeben werden, nicht wahrnehmen kann, hat Gott dem Menschen ein Schutzwesen, ein Geistwesen – auch Schutzengel genannt – zur Seite gestellt, das über Telepathie in das Gehirn des Menschen Impulse gibt. Das Schutzwesen ist das Gesetz Gottes und lebt im Gesetz Gottes und beachtet deshalb den freien Willen des Menschen.

Wer sein niederes menschliches Ich – das z.B. den Nächsten abwertet, um sich selbst aufzuwerten – mit der Kraft Christi bekämpft, dessen Seele wird lichter, seine Körperstruktur feiner, wodurch der Geist Gottes Seele und Leib intensiver zu durchstrahlen vermag.

Aus dem menschlichen Ich kommen die Widerstände, die dem Göttlichen entgegentreten wollen. Sie werden ganz allmählich zu Entsprechungen in Seele und Mensch. Entsprechungen sind schwingende Energiekomplexe, die ihren Frequenz- und somit ihren Sende- und Empfangsbereich haben. Treffen zwei gleiche oder ähnliche Frequenzbereiche aufeinander, dann entstehen Spannungen, Drucksituationen, Aggressionen, Streit, Kampf, Krieg, Verwüstung und Zerstörung, weil das menschliche Ich immer auf Verwüstung und Zerstörung ausgerichtet ist. Entsprechungen treffen also auf Entsprechungen. Der Druck, der durch Entsprechungen entstehen kann, führt auch zu Angriff, Verteidigung, Streit, Diskussionen und Rechthaberei.

Alles in allem sind dies menschliche Aspekte, die nicht in den Himmel eingehen können. Deshalb muß sich der Mensch ändern, damit die Energien Gottes ungehindert durch Seele und Leib strömen können. Eskaliert das menschliche Ich, wird es nicht rechtzeitig erkannt und überwunden, dann können auch Krankheiten, Leiden und Schicksalsschläge die Folge sein.

Diese Hinweise sind noch einmal zum Überdenken gegeben.

Wer die Gesetze Gottes annimmt und sein Leben ändert, indem er sich bemüht, seine Entsprechungen, die Widerstände also, mit Christus umzuwandeln, der tut gut.

Gabriele:

Wir sollten auch erkennen, daß wir durch das Gesetz von Saat und Ernte sehr oft gewarnt werden, bevor z.B. eine Krankheit ausbricht oder wir einen Schicksalsschlag erleiden.

Denken wir daran, wie viele Hilfen wir von Gott und Seinen Dienern, unseren Schutzwesen, erhalten!

Verändern wir uns, indem wir unser niederes Ich abbauen und das göttliche Gesetz in uns stärker zum Fließen bringen, dann kehren wir als die gereinigten Tropfen in den Ozean, Gott, zurück, und der Geist des Allmächtigen durchdringt alle Partikel der Seele und alle Zellen des Leibes. Wer die Stufe des Ernstes betreten möchte, sollte diese Hinweise von Bruder Emanuel weitgehend in seinem Leben umgesetzt, das heißt verwirklicht haben. Wer sich jedoch immer noch bemühen muß, seine Entsprechungen und Widerstände zu beheben, der sollte von der Stufe vier noch Abstand nehmen.

Bruder Emanuel offenbarte:

Der sich reinigende Tropfen, der allmählich wieder in den Ozean, Gott, eintaucht, wird so lange hin und wieder noch einen Druck des menschlichen Ichs fühlen, wie er nicht ganz Geist aus Seinem Geiste ist.

Der weise, der ernsthafte Mensch wird sich diesem Druck nicht beugen und sich nicht so verhalten, wie und wonach das Ich verlangt. Er wird das ihm unbehagliche Ich ohne Erregung betrachten, um das Störende ganz an der Wurzel zu erfassen und dann alles in die Wege zu leiten, auf daß es in Kürze bereinigt ist und der Geist Gottes stärker durch ihn hindurchzuströmen vermag.

Hat sein menschliches Ich mit dem menschlichen Ich seines Nächsten zu tun und will sein Nächster sein Ich wahren und durchsetzen, dann wird der, welcher der göttlichen Weisheit zustrebt, sich zuerst zurücknehmen, kurz sein Menschliches überdenken und seinen Nächsten dann so weit, wie es ihm möglich ist, unpersönlich aufklären und gleichzeitig sich mit einbeziehen. Seinem Nächsten wird er jedoch die Freiheit lassen, sein Ich abzulegen oder zu behalten. Was er selbst von seinem menschlichen Ich erkannt hat, wird er jedoch beheben und wird das Bereinigte fortan nicht mehr herbeiholen und auffrischen.

Gabriele:

Sich zurückzunehmen heißt, seine eigene „Wichtigkeit" zu überdenken und sie hintanzustellen, bis das, was zu tun ist, getan wurde. Dann sollte die Wichtigkeit, das Menschliche, überdacht und behoben werden.

Weiter sprach Bruder Emanuel:

Jeder, der in einem Arbeitsverhältnis steht, hat einen Arbeitsvertrag, der ihm bestimmte Pflichten auferlegt.

Wem dieser von ihm unterschriebene Arbeitsvertrag mit seinen Pflichten nicht mehr angenehm ist, sollte die ihm auferlegten Punkte trotzdem erfüllen, solange er noch in diesem Arbeitsverhältnis steht und aufgrund dieses Vertrags an die Weisungen des Arbeitgebers gebunden ist, auch wenn dessen Menschliches sein menschliches Ich in Wallung bringt. Hier gilt es, die eigenen Wallungen zu erkennen und die Pflichten zu erfüllen, die er als Arbeitnehmer letzten Endes mit seinem Arbeitsvertrag übernommen hat.

Im Betrieb kann das Ich des Arbeitnehmers nicht ohne weiteres Kapriolen schlagen und zurückschlagen. Der Arbeitsvertrag sollte erfüllt werden. Wem es am Arbeitsplatz nicht mehr angenehm ist, der kann ihn entsprechend dem weltlichen Gesetz verlassen, jedoch am Arbeitsplatz sollte er kein Negativstrahler bleiben. Denn dadurch baut er nur sein erregtes Ich, seine eigenen Ursachen, weiter auf.

Wesenszüge des geistigen Menschen, des weitgehend reinen Tropfens im Ozean Gott

Bruder Emanuel:

Beginnt der sich reinigende Tropfen in den Ozean, Gott, einzutauchen, oder lebt er schon als gereinigtes Sein im Ozean, Gott, dann bleibt der Mensch in jeder Situation souverän. Souveränität wird oftmals auch mit Gelassenheit gleichgesetzt. Gelassenheit bedeutet Ausgeglichensein und Wachsein; sie hat mit Nachlässigkeit nichts gemeinsam.

Die geistige Souveränität ist Ausgewogensein der inneren Kräfte. Sie ist die Harmonie im rein werdenden Tropfen, der weitgehend alles erfaßt und überschaut. Daraus erwacht die Sicherheit, weil der geistig Erwachte mit den Augen des göttlichen Gesetzes schaut, so weit, wie er dieses in seiner Seele erschlossen hat. Mit den erschlossenen göttlichen Facetten des ewigen Gesetzes erfaßt er die Dinge aus dem Licht der Wahrheit.

Der geistig Souveräne strahlt den inneren Frieden aus und zugleich die innere Freude, in den Tempel des inneren Seins eingekehrt, das heißt heimgekehrt zu sein.

Die innere Freude ist unpersönliche Freude, die keine Worte hat, die strahlt und das Antlitz des wahren Weisen erhellt, weil der Geist Gottes ihn durchdringt.

Die innere Freude kennt keine Gemütswallungen, keine äußere Beglückung, sondern das tiefe Glück, mit Gott weitgehend geeint zu sein.

Die menschliche Freude hingegen ist persönliche Freude, weil der Mensch für sich etwas erhalten hat, was sein menschliches Ich aufwertet. Eine solche vorübergehende Gemütswallung äußerer Freude erlischt sehr schnell wieder, weil sie nur auf die Person bezogen ist und nicht aus der All-Liebestrahlung kommt und daher auch nicht in das All-Liebegesetz eingeht. Alle äußeren Freuden sind aufblitzende menschliche Funken, die sehr rasch erlöschen, weil menschliche Freude nur bestätigtes menschliches Ich ist.

Gabriele:

Nehmen wir uns als Aufgabe vor, beim Lesen der Lektionen, Hinweise und Anweisungen immer wieder über uns nachzudenken: wo wir stehen, wie wir uns verhalten, was unser Leben ausmacht und wie wir die Energie des Tages nützen. Im Buch der Stufe des Ernstes sind viele allgemeine Hinweise, die uns immer wieder aufzeigen, ob wir wahrhaftig das Bewußtsein dieser Stufe erlangt haben, um dann in das Innere einzutauchen, um dann wahrlich Christus zu vernehmen.

Erst wenn wir zum weitgehend gereinigten Tropfen im Ozean Gott geworden sind, können wir für unsere Mitmenschen wegweisend und Wegweiser sein.

Wir können ihnen nur dann selbstlos helfen, wenn wir uns selbst mit der Kraft des Herrn helfen konnten. Wer jedoch selbst noch im Sumpf seines menschlichen Ichs steckt und seinem Nächsten mit seinen eigenen „Sumpf-Empfehlungen" helfen möchte, der zieht ihn in seinen eigenen Sumpf hinein, weil er ihm nur das rät, was ihn selbst umgibt: Sumpf.

Beachten wir: Was der Mensch sät, das wird er ernten. Geben wir unsere Saat weiter, unser Menschliches, dann schaffen wir weitere Ursachen und sind unter Umständen an unseren Nächsten gebunden, sofern dieser unsere Weisungen annimmt und befolgt.

Erst wenn wir den Stein des Weisen, das Göttliche in uns, geschliffen haben, sind wir selbstlose Wegweiser, selbstlose Diener und Helfer im Weinberg des Ewigen.

Bruder Emanuel:

Der sich reinigende Tropfen im Ozean Gott, der Mensch, der im Innersten seines Tempels ruht, schöpft aus der allweisen Kraft und gibt. Er wird sich nicht mehr mit seinen menschlichen Wünschen beschäftigen. Die kleinen, gesetzmäßigen Wünsche an das Leben wird er sich erfüllen, denn die Seele ist im Menschen, und der Mensch bedarf der äußeren Dinge. So sie im rechten Maß bleiben, sind sie gesetzmäßig und dienen dem Wohlergehen der Seele und des Menschen. Dies heißt nicht, das Persönliche zu pflegen.

Der wahre Weise wird auch nicht mehr nur für sich tätig sein, um sein Äußeres, sein Hab und Gut, zu vermehren. Er, der sich als weitgehend reiner Tropfen im Ozean Gott bewegt, ist für das große Ganze und wird auch für das große Ganze wirken, für den universellen Geist, Gott, der alle willigen Menschen zu einem Volk zusammenführt, zu Seinem Volk auf Erden. Dazu bedarf es der Menschen, die im Ozean Gott leben und das Leben, Gott, auf diese Erde bringen.

Für solche Menschen ist der Tag „entschleiert", das heißt, er hat nicht mehr die Schleier des menschlichen Ichs. Der Tag zeigt dem gotterfüllten Menschen, was er für das Reich Gottes auf Erden zu tun vermag. Er, der große All-Eine, wirkt dann durch einen solchen Menschen. Entsprechend seinen Fähigkeiten und Talenten setzt ihn dann Gott für das Reich Gottes auf Erden ein.

Die entschleierten Tage zeigen den in Gott Ruhenden, wie sie z.B. diesem oder jenem Menschen begegnen sollen, welche Antwort sie auf Fragen geben können und welche Lösung sie vorschlagen dürfen.

Dem weisen, dem ernsthaften Menschen bringt der Tag auch viele Impulse aus dem ewigen Gesetz für sich persönlich. So mancher Impuls aus dem ewigen Sein ist ein Hinweis für die nächsten geistigen Schritte. Diese Perlen aus dem ewigen Sein sollten in dem Buch des göttlich Erfüllten festgehalten werden, damit er in Ruhe noch einmal darüber nachdenken kann.

Immer öfter pocht der göttliche Bruder, Christus, in der Seele des Menschen an, um dem Ernsthaften, der in der Erfüllung der Gesetze Gottes lebt, Hinweise und Gedankenanstöße zu geben. Christus berührt auch die Seele, bevor der Mensch kurzzeitig durch eine Unbedachtsamkeit wieder in alte Gewohnheiten zurückfallen würde. Dann ermahnt ihn Christus, der göttliche Bruder, den gesetzmäßigen Weg nicht zu verlassen und nicht eventuell Erinnerungen aufzufrischen, die dann wieder zu Entsprechungen werden könnten.

Lebt der Mensch im allweisen, ewigen Sein, dann hat er seine Gefühle, Empfindungen, Gedanken, Worte und Handlungen zum Göttlichen erhoben. Dann ist sein Wort das Sein, weil es vom Sein, dem Göttlichen, beseelt ist; dann ist er eingetaucht in das Leben, in den Strom der Liebe, welcher ewig fließt.

Der Strom Gottes ist gebendes und empfangendes Prinzip: Wer gibt, was von Gott ist, der wird auch wieder von Gott empfangen. Dabei entsteht zwischen Seele und Mensch eine geistige Wechselwirkung, ein Kreislauf, der unermüdlich fließt. Wer bewußt in diesem Strom des Lebens steht, ist weitgehend im Sein und ist weitgehend das Sein. Er ist aus der Tiefe des Seins heraus dankbar, freudig, heiter und gelöst, weil er weiß, daß er erlöst ist. Solche Menschen sind gewissenhaft, vertrauenswürdig und aufgeschlossen, jedoch ernsthaft – wobei Ernsthaftigkeit nicht mit Traurigkeit verwechselt werden soll.

Geistige Menschen strahlen ein geistiges Fluidum aus; es kann mit Souveränität, Ehrlichkeit und Herzlichkeit umschrieben werden. Sie schauen in die Tiefen ihrer Mitmenschen, und wenn sie einem solchen gegenüber eine Aussage machen, so kann er sicher sein, daß sie aus echter geistiger Kompetenz kommt.

Der ernsthafte Mensch lobt, wem Lob gebührt. So, wie er das Selbstlose, Schöne und Angenehme seines Nächsten anspricht, spricht er auch das Gegensätzliche unpersönlich an, wenn dies notwendig ist und der Allgemeinheit oder dem einzelnen zur Selbsterkenntnis dient.

Aufgabe für die göttlich Erfüllten auf der Stufe des Ernstes: Aussenden des geistigen Bewußtseins

Bruder Emanuel:

Geistige Menschen haben ein ausgeprägtes geistiges Empfinden, denn das geistige Bewußtsein, mit dem sie beständig in Kommunikation stehen, ist die Urempfindung, die Ursprache des Alls. Mit dieser feinen geistigen Empfindungsgabe, die eine Geistesgabe ist, vermögen sie sich in Menschen und Situationen hineinzuempfinden.

Wer unpersönlich ist, der besitzt auch die Geistesgabe, in alles, was auf ihn zukommt, sein flexibles, feines und immer aktives geistiges Bewußtsein hineinzusenden. Das ist das geistige Hineinempfinden in das Sein, in alle Bereiche des Lebens und in jede Situation. Der Mensch würde sagen: Sie können hineinspüren, sich hineinfühlen.

Menschen im Geiste des Herrn finden also die Wurzel aller Dinge, weil sie schauen und nicht nur sehen, weil sie hören und nicht nur horchen. Denn wer nur sieht und horcht, der bleibt am Äußeren haften, am menschlichen Gehabe und Gerede.

Nehmt folgende Aufgabe mit in euren Tagesplan:
Die Aufgabe für die göttlich Erfüllten auf der Stufe des Ernstes lautet:
Empfindet in jede Situation hinein, in alle Schwierigkeiten und Probleme, in alles, was auf euch zu-

kommt, um das Innere, das Reine, zu spüren und mit dem Reinen in Kommunikation zu treten.

Auf diese Weise erlernt ihr die Sprache Gottes, die Urempfindung, die alle Dinge schaut, erkennt und zugleich erfaßt und Antwort und Lösung ausstrahlt.

Sendet also euer geistiges Bewußtsein in Menschen, Dinge, Geschehnisse, Situationen, Schwierigkeiten und Probleme hinein, auch in die Mineral-, Pflanzen- und Tierwelt, und erspürt in allem die Sprache des Seins – die göttlichen Impulse in euch, die aus dem reinen Sein, aus dem Reinen, dem Unpersönlichen, offenbar werden.

Das Aussenden des geistigen Bewußtseins geschieht durch Konzentration. Der selbstlose, der unpersönliche Mensch, der sich zu konzentrieren gelernt hat, bündelt die unpersönlichen Energien. Es sind die reinen Bewußtseinskräfte, die aus seinem geistig entfalteten Bewußtsein strömen, mit denen er beständig in Kommunikation steht.

Beständig in göttlicher Kommunikation zu sein bedeutet, daß des Menschen Fühlen, Empfinden, Denken, Sprechen und Handeln weitgehend gesetzmäßig ist. Der Mensch befindet sich in der göttlichen Kommunikation, wenn die Zellen seines Gehirns beständig auf das reine Sein in der Seele, auf das geistige Bewußtsein, ausgerichtet sind. Dann werden die Gehirnzellen beständig von der Urkraft belichtet.

Dem unpersönlichen Menschen ist es dadurch auch möglich – immer dann, wenn eine Situation oder Angelegenheit auftritt, oder bei Gesprächen und Fragen –, sofort seine unpersönlichen Empfindungen und Gedanken zu bündeln und auf die jeweilige Angelegenheit, Situation oder auf das Gespräch, auf die Frage zu lenken.

Er konzentriert also seine selbstlosen Empfindungen und Gedanken; sie werden zum Strahl seines göttlichen Bewußtseins. Mit diesem splittet er, unmerklich für den Nächsten, den Komplex, die Situation, die Frage oder Antwort auf. Unverzüglich empfängt er aus den unbelastbaren göttlichen Aspekten, die in jedem Komplex enthalten sind, die Antwort oder Lösung. Diese fließt über sein geistiges Bewußtsein in sein Oberbewußtsein ein.

Ich wiederhole, was sich vollzieht: Ähnlich, wie die Strahlen der Sonne, gebündelt durch ein sogenanntes Brennglas, das Darunterliegende entzünden können, bündelt der geistige Mensch seine Gedanken, die vom reinen Sein durchdrungen sind, und richtet sie auf die jeweilige Situation. Da in allem, was ist – auch im Gegensätzlichen –, das Positive, die erhaltende Lebensenergie, wirkt, so entsteht zwischen den reinen Bewußtseinsenergien, den Gedanken und dem Positiven in jeder Situation und Angelegenheit eine Kommunikation. Gleichzeitig kommen im Oberbewußtsein des unpersönlichen Menschen die gesetzmäßigen Impulse an. Er weiß dann sofort Antwort oder Lösung. Zugleich weiß er auch, wie er die Antwort oder die Lösung vermitteln soll.

Auf diese Weise lernt ihr allmählich die Sprache des Gesetzes, welche auch die Sprache der reinen Geistwesen ist. Sie schauen, erkennen und erfassen alles als Ganzes und teilen sich auch entsprechend mit.

Empfangen aus dem göttlichen Strom.
Die Sprache des Seins: das ewige Gesetz,
die heilige Urempfindung

Bruder Emanuel:

Merkt euch: Der Geist Gottes, das Sein in der Seele jedes Menschen, läßt nichts unbeantwortet. Alles, was der Mensch mit der heiligen Urempfindung, der selbstlosen Sprache Gottes, der Sprache des Seins, anspricht, teilt sich sofort mit. Es bleibt also nichts ohne Antwort, denn das Urewige, das Unbelastbare in jeder Situation, jeder Angelegenheit, jeder Schwierigkeit und in jedem Problem nimmt sofort Kommunikation mit dem unpersönlichen Wort des geistigen Menschen auf und spricht ihm das zu, was er seinen Mitmenschen antworten oder sie fragen soll. Oftmals ist es eine Antwort, die diese noch nicht verstehen können; dann ist sie für ihre Seele gedacht, von der sie dann die Antwort erhalten, wenn der Mensch hierfür gereift ist.

Gabriele:

Gott ist selbstlose Liebe. Selbstlose Liebe gibt unermüdlich. Gott ist der Strom, Allgegenwart, der durch alle Reiche, durch alles Sein – auch durch die Materie – strömt. Der Strom Gottes ist das Gesetz Gott.
Das Gesetz, Gott, gibt auf alles Antwort – dann, wenn der geistige Mensch, der sich auf der Stufe des

Ernstes befindet, das Gesetz Gottes anspricht, ansendet und sich dadurch in den Strom der Unendlichkeit begibt. Der auf Gott ausgerichtete Mensch stellt die Frage an den göttlichen Strom und taucht gleichzeitig ein in den Strom, Gott, in das Gesetz, aus dem er gemäß der Frage Antwort erhält; denn schon in der Frage ist die Antwort enthalten, weil alles in allem ist und der Strom, Gott, durch alles fließt. Durch die Kommunikation – das Senden zum Strom und in den Strom und das Empfangen aus dem Strom – wird die Allgegenwart, Gott, in der Frage aktiv, woraus sich dann die gesetzmäßige Antwort ergibt. Nichts kann unbeantwortet bleiben, weil der Strom, das Gesetz, Gott, immer gibt, zu jeder Situation spricht und antwortet. Wer im Strom, im Gesetz Gottes, lebt, durch den fließt das Gesetz, die schöpferische Kraft, um durch ihn zu ordnen, zu wecken, zu beleben, zur Evolution zu bringen und Neues zu schaffen.

Die heilige Urempfindung ist das ewige Gesetz, ist die Sprache der Geistwesen. Die heilige Urempfindung ist absolut und absolut selbstlos, weil das Gesetz Gottes absolut und selbstlos ist. Nur mit der heiligen Urempfindung, der Sprache der selbstlosen Liebe, können wir in das Gesetz der Liebe eintauchen und vom Gesetz der Liebe empfangen.

Deshalb müssen wir die Schritte hin zum ewigen Gesetz, Gott, tun. Den Weg kennen wir – er beginnt bei der Stufe der Ordnung, geht über die Stufen des Willens, der Weisheit und des Ernstes. Haben wir die Stufe des Ernstes weitgehend absolviert, dann stehen wir an der Pforte zum ewigen Gesetz. Diese Pforte steht offen, und wir dürfen eintreten und das heilige Gesetz, Gott, unser geistiges Erbe, auf den Vorbereitungsstufen zur Absolutheit, den Stufen Geduld, Liebe und Barmherzigkeit, mehr und mehr anwenden.

Die Anwendung des heiligen Gesetzes ist zugleich die Sprache des ewigen Gesetzes, ist die heilige Urempfindung.

Ein Schüler trug folgendes bei:

In den vielen Jahren der gemeinsamen Schulung mit unserer Schwester haben wir gelernt, wie das erschlossene Bewußtsein, die ewige Urempfindung, diese Gesetzmäßigkeiten in der Praxis anwendet.

Erzählen Geschwister in der Schulung oder bei einer Veranstaltung etwas über ihr Leben oder über eine Schwierigkeit, dann formuliert in vielen Fällen unsere Schwester Gabriele eine Frage, die mit dem Gesprochenen scheinbar nichts zu tun hat. Über diese Frage führt sie jedoch das betreffende Geschwister behutsam und zielbewußt an die Wurzel seines Problems – an die Ursache, die das Geschwister bislang selbst nicht erkannt hat.

Bevor also das Geschwister noch weiß, welche Ursache oder Wurzel seinem Problem zugrunde liegt, hat das erschlossene geistige Bewußtsein das Problem durchschaut, die Wurzel erfaßt und führt das Geschwister mit ein oder zwei unpersönlichen Fragen zur Erkenntnis und Einsicht dessen, was seinem Problem zugrunde liegt. Werden so die Zusammenhänge bewußt, dann ergeben sich daraus auch die Schritte, die zur Lösung und Bereinigung führen.

Solche oft überraschenden Einsichten bringen Bewegung und Lösung in schon festgefahrene Problemkomplexe. Dies ist deshalb möglich, weil das göttliche Bewußtsein mit dem Positiven, dem Geistigen, im Problem und im Problembeladenen zu kommunizieren vermag.

Bruder Emanuel:

Die Frage eines geistigen Menschen bezieht sich nicht immer auf den unmittelbaren Komplex, wie z.B. Sorgen oder eine bestimmte Situation: Sie kann tiefere Schichten des Komplexes berühren oder sogar die Wurzel des Komplexes erfassen, so daß der Mensch, der die Antwort erwartet, zunächst nichts damit anzufangen weiß. Erst später oder im Verlauf seines irdischen Lebens wird es ihm klar werden – dann, wenn er es zu verstehen vermag oder wenn eine prekäre Situation eingetreten ist, die mit Hilfe dieses Hinweises gelöst werden kann.

Der göttliche Strom fließt unaufhörlich. Er gibt und gibt. Wer sich durch die Verwirklichung der ewigen Gesetze in den göttlichen Strom einzuschalten vermag, der empfängt auch aus ihm und wird immer dann geben, wenn sein Nächster hierfür empfangsbereit ist. Dadurch bleibt das beständige selbstlose Geben und Empfangen erhalten.

Empfängt der Mensch einen göttlichen Impuls, dann sollte er nicht versäumen, mit dieser heiligen Kraft das in Bewegung zu bringen, was der göttliche Impuls angesprochen hat: z.B. ein Problem, eine Schwierigkeit, Lebensumstände oder anderes. Der göttliche Impuls ist die fließende göttliche Kraft, die durch den Menschen und mit dem Menschen das bereinigen möchte, was im Menschen als Komplex, also als Unbewältigtes, Verpoltes, vorliegt. Der Geist Gottes und das Schutzwesen bemühen sich unermüdlich um den Menschen, um ihm das aufzuzeigen, was er erkennen und bereinigen soll, damit der Geist des Lebens ungehindert durch ihn hindurchzuströmen vermag.

Tiefenwahrnehmung – die Frucht beständigen Ringens um die Erfüllung des göttlichen Gesetzes. Göttliche Impulse: Energie und Wegweisung für unsere geistige Entfaltung

Gabriele:

Der geistige Mensch schaut niemals auf den Menschen, auf das Äußere, die Hülle seines Nächsten, sondern er nimmt den Gesamteindruck des Nächsten auf: Er erfaßt die Strahlung des Göttlichen in seiner Seele, die Strahlung der Seele und die Strahlung des Ober- und des Unterbewußtseins des Menschen – die Gesamtstrahlung. Das ist die innere Wahrnehmung.

Die Gesamtstrahlung des Menschen hat ihre Sprache. Sie spricht gleichsam den geistigen Menschen an. Das geistige Bewußtsein weiß um alle Dinge und gibt dem geistigen Menschen Antwort. Die Gesamtstrahlung ist auch der Ausdruck des Menschen. Im Ausdruck ist erfaßbar und wahrnehmbar, ob der Mensch, unser Nächster, empfangsbereit ist.

Der geistig Gereifte nimmt aufgrund seines weit erschlossenen Bewußtseins grundsätzlich alles wahr, was von Belang und wesentlich ist. Dieses strahlt ihm entgegen; er hat die Umsicht, den Weitblick und Durchblick.

Stellt er sich auf einen Gesprächspartner ein, so geht er bewußt „auf Empfang", um bewußt die Gesamtstrahlung seines Mitmenschen aufzunehmen. Dies ge-

schieht, indem er sich vollkommen leer macht von jeglichen Gefühlen, Empfindungen und Gedanken. Er ist gleichsam der positive Magnet, der dann die Gesamtstrahlung erfaßt, im göttlichen Bewußtsein verarbeitet und vom göttlichen Bewußtsein her wieder empfängt.

Die innere Wahrnehmung, die Tiefenwahrnehmung, läßt sich mit Worten nur sehr schwer beschreiben, weil es nun mal innere Vorgänge sind. Es ist keine Technik, keine Methode oder Praktik, die man erlernen kann. Es ist dem Gotterfüllten gegeben, weil dieser in Kommunikation mit dem göttlichen Gesetz steht.

Diese Tiefenwahrnehmung erlangt jeder Mensch durch den Inneren Weg, wenn er wahrhaft in die innere Stille gefunden hat und in sein Inneres eingekehrt ist als bewußtes Sein im Strom des Seins, als Tropfen im Ozean, Gott. Die innere Wahrnehmung fällt uns nicht von allein in den Schoß, sondern sie ist die Frucht eines beständigen Ringens und Strebens um die Erfüllung des göttlichen Gesetzes.

Wir haben dann die innere Sicherheit und Gewißheit, von Gott geführt zu sein und göttliche Impulse zu empfangen, wenn wir weitgehend im Göttlichen leben, wenn wir nichts anderes mehr möchten, als Gott, unserem ewigen Vater, zu gefallen; wenn wir nichts anderes mehr möchten, als Sein Kind zu sein; wenn wir nichts anderes mehr möchten, als unserem Nächsten selbstlos zu helfen und zu dienen; wenn uns jede menschliche Regung unendlich leid tut und wir dann gleich zu Gott, unserem Vater, gehen und deswegen um Verzeihung bitten. Dann ist in uns innere Klarheit. Dann ist in uns die innere Stärke gewachsen.

Dann spüren wir den unpersönlichen, den göttlichen Impuls, der uns in eine sanfte Vibration bringt, die nicht von außen, sondern von innen kommt. Diese göttliche Vibration, der göttliche Impuls, bringt Freude, Frieden, Sicherheit, Einklang und auch Sehnsucht nach dem Höchsten mit sich.

Bruder Emanuel:

Empfängt der Mensch einen göttlichen Impuls und verwendet er diesen für seine persönlichen Belange, zu eigennützigen Zwecken, und nicht für seine geistige Entfaltung oder für das Gemeinwohl, dann transformiert er die Gottesenergie zur ichbezogenen Energie herunter und bindet sie damit an sein ichbezogenes Denken und Tun. Jede gebundene Energie richtet sich so lange gegen den Verursacher, bis dieser die Ursache, das Gebundene, wieder löst, das heißt umwandelt und wieder hochtransformiert, um die Energie wieder zum Fließen zu bringen.

Durch das Binden von Gottesenergie entstand das Kausalgesetz, das Reinigungsgesetz

Gabriele:

Das Heruntertransformieren und Binden von Gottesenergie ist auch auf der Stufe des Ernstes noch nicht ausgeschlossen, da, wie wir gehört haben, auf jeder Bewußtseinsstufe auch alle anderen Stufen als Unterregionen enthalten sind. So kann auf der Bewußtseinsstufe des Ernstes noch einiges aus den Stufen der Ordnung oder des Willens zur Bereinigung anstehen.

Solange in uns noch Aspekte von Menschlichem vorhanden sind, steht der Verführer immer bereit, über diese oftmals noch minimalen Menschlichkeiten den Menschen zu verführen. Das läßt Gott zu. Es ist dann auch eine Prüfung für den Verführer. Ist der geistige Mensch stark, dann kann der Verführer daran lernen; denn auch er ist ein Kind Gottes. Er ist noch verführt und ist deshalb ein Verführer. Auch er jedoch wird durch die Kraft Christi seinen wahren Ursprung erkennen und zum Vater zurückgeführt werden.

Infolgedessen kann ein göttlicher Impuls für menschliche Zwecke heruntertransformiert werden – dann, wenn der geistige Mensch nicht wachsam ist. Das kann geschehen, muß jedoch nicht sein.

Hochtransformieren dagegen heißt, die Negativenergie mit der Kraft Christi umzupolen in fließende göttliche Energie. Das erfolgt über die Reue, die Bitte um Vergebung, die Vergebung, eventuell die Wieder-

gutmachung, sofern dies noch möglich ist; und am wichtigsten ist, daß wir das Erkannte, das Bereute, nicht mehr tun.

Das Quantum göttliche Energie, das jeder einzelne heruntertransformiert hat, muß er hochtransformieren und wieder in den göttlichen Strom einbringen.

Hat der Mensch seinen Nächsten verführt, hat er ihn hungern oder darben lassen, hat er dazu beigetragen, daß seinen Nächsten ein Schicksal ereilte, oder hat er ihn an sich gebunden und ihn durch Vorwürfe angehalten, das zu tun, was er von ihm verlangte, dann wird ihm Gleiches oder Ähnliches widerfahren; dann wird er in die Katastrophe mit eingebunden sein; er wird z.B. unter Naturkatastrophen zu leiden haben oder wird Verfolgung erleiden, wird hungern und darben.

Bruder Emanuel offenbarte:

Als Folge solchen Bindens von Gottesenergie entstanden das Gesetz von Saat und Ernte und die Materie. Das Gesetz von Saat und Ernte ist das Kausalgesetz, das Reinigungsgesetz. Jeder einzelne Mensch untersteht ihm so lange, wie er auf sich, die Person, bezogen ist, also sein menschliches Ich wahrt.

Das Gesetz von Saat und Ernte, das Reinigungsgesetz, ist der Oberbegriff für die unzähligen Ichgesetze, die auf die jeweilige Person bezogen sind. Jeder Mensch, der sein menschliches Ich nährt und wahrt, hat seine speziellen Negativprogramme, seine Sende- und Empfangsbereiche. Sie sind sein spezielles Kausalgesetz, das wieder im Meer der Kausalenergien wirksam ist. Der Mensch ist so lange an seine eigenen Ursachen, an sein eigenes Reinigungsgesetz, gebunden, bis er es mit Christus löst und als Tropfen in den unpersönlichen Ozean, Gott, in das Absolute Gesetz, zurückkehrt. Was der Mensch also sät, das wird er ernten. Wann – das bestimmt wieder sein eigenes Reinigungsgesetz, das er selbst geschaffen hat, das im Meer des Kausalgesetzes wirkt und in der Aktivität und im Ablauf der Gestirne steht.

Tiefenkonzentration durch die Übung des Hineinempfindens in das Sein

Bruder Emanuel:

Wer sich verwandelt hat vom kausalen Fühlen, Empfinden, Denken und Reden hin zum göttlichen Urempfinden, das die Sprache des Alls ist, wird die heiligen Impulse in sich nicht nur empfangen, sondern auch im Bild oder als Bilder schauen. Auch die Fragen seiner Mitmenschen wird er nicht mehr in seinem Verstand verarbeiten, sondern in sein erschlossenes geistiges Bewußtsein aufnehmen. Aus diesem kommt dann die unpersönliche Antwort oder die Gegenfrage. Er nimmt dann die geistige Erkenntnis, einem dreidimensionalen Bild gleich, wahr. Das geistige Bewußtsein im Menschen splittet die Frage des Fragenden auf und gibt als Antwort das, was dessen Seele dient und nicht dem menschlichen Ich.

Durch die Übung des Hineinempfindens in das Sein, das im Innersten der Seele des Menschen ist – wie auch in jeder Situation, in allen Dingen, Geschehnissen, Schwierigkeiten und Problemen, wie auch in den Mineralien, Pflanzen und Tieren –, lernt der Schüler auch die Tiefenkonzentration, das heißt, in beständigem Kontakt zu bleiben mit der göttlichen Kraft in allem. Durch diese Übung wird sich der Mensch immer länger auf eine Sache selbstlos konzentrieren können – und sich somit immer tiefer in seine Nächsten, in alle Dinge und Geschehnisse und auch in die Naturreiche hineinempfinden können. Dieses Hineinempfinden in das Sein und das weitgehende Leben im Sein ist nur dem möglich, der weitgehend rein geworden ist.

Gabriele:

Um diese Fähigkeit zu entwickeln, sollten wir uns darin üben.

Wollen wir uns in die Gedanken oder in die Situation unseres Nächsten hineinempfinden, dann muß in unserem Bewußtsein das Innerste, das Göttliche, in diesen Gedanken oder in dieser Situation erschlossen sein; andernfalls besteht keine Kommunikation zum Innersten dieses Gedankens oder zum Innersten dieser Situation.

Es ist also erforderlich, daß wir in vielen Aspekten mit dem Innersten unseres Nächsten und mit dem Innersten in seinen Gedanken, Worten, Handlungen und Situationen in Übereinstimmung kommen. Das bedeutet für uns, daß wir zu der positiven Kraft in allem eine Kommunikation herstellen durch das Prinzip Senden und Empfangen.

Um in einen Gedanken hineinzuempfinden, müssen wir in diesen hineinsenden können. Wir müssen durch die „Schale" des Gedankens, der oft menschlich ist, hindurchstrahlen, um mit dem Innersten im Gedanken Kontakt aufzunehmen. Das gleiche gilt, wenn gesprochen wird. Wir müssen durch das Prinzip Senden und Empfangen einen Impuls durch die Schale des Wortes hindurchsenden können, um mit dem Innersten, dem Göttlichen, im Wort in Kontakt zu treten. Das gilt für jedes Problem, für jede Situation – für die eigene und für die unseres Nächsten.

Haben wir diese positiven Kräfte in uns entfaltet, so daß wir sie zu sammeln und sie gebündelt durch die Schale zu strahlen vermögen, dann treten wir mit dem Positiven in allem in Kommunikation. Das heißt: Wir haben gesendet und haben empfangen.

So empfindet sich der geistige Mensch hinein in Gedanken, Worte, in Handlungen, in Situationen, in Probleme – einerlei, was auf ihn zukommt.

Kurzzeitige Einbrüche durch aktiv gewordene Programme

Unser Geistiger Lehrer Bruder Emanuel:

Zur Selbsterkenntnis:
Auf der Evolutionsstufe des Ernstes ist der gotterfüllte Mensch nicht mehr intellektuell, sondern intelligent, weil er in der Intelligenz, in der All-Weisheit, Gott, und in Christus, seinem göttlichen Bruder, lebt und im Gesetz der Liebe, der Intelligenz, Gott, mehr und mehr erblüht. Trotz dieser hohen Geistesgabe ist der gotterfüllte Mensch auf der Evolutionsstufe des Ernstes noch nicht vollkommen. Es werden immer wieder menschliche Gedanken aufsteigen oder unbeseelte Worte ausgesprochen werden. Durch die Tiefenkonzentration jedoch, durch das Hineinempfinden in jeden Gedanken und in jede Situation, erkennt der Gotterfüllte sofort, wenn er menschlich gedacht oder gesprochen hat. Er erkennt es an der Leere seiner Gedanken und Worte, die nicht vom Sein erfüllt, also nicht beseelt und daher kraftlos sind.

Wenn solche und ähnliche kurzzeitige menschliche Einbrüche kommen, dann seid nicht ungehalten, sondern bittet euren göttlichen Bruder um Beistand, damit ihr immer rascher erkennt, was diese Gedanken und Worte euch noch sagen wollen und was eventuell noch zur Bereinigung ansteht. Sollte es zu einem tiefgreifenden Einbruch in euer aufwärtsstrebendes geistiges Leben kommen, so seid ebenfalls nicht ungehalten –

auch dann nicht, wenn ihr trotz des Hineinempfindens in die aufsteigenden menschlichen Gedanken oder in eure nicht beseelten Worte nicht sogleich zur Wurzel findet, weil ihr durch die Erschütterung auch unter Konzentrationsschwierigkeiten steht; auch das will euch dann etwas sagen.

Wie schon offenbart, können solche Erschütterungen oder Einbrüche noch aktiv gewordene Programme oder aktiv gewordene Reste von Programmen sein.

Wer jedoch von Herzen bittet, dem wird gegeben. Bittet Christus um die innere Stille und um die Kraft, auf daß ihr euch wieder geistig konzentrieren, sammeln könnt, um mit Ihm gemeinsam das aufzuschlüsseln und zu bereinigen, was zur Bereinigung ansteht. Christus steht jeder Seele und jedem Menschen bei. Er hilft ihm, still zu werden und sich selbst zu erkennen. Ist durch das tiefe Gebet die innere Ruhe wieder eingekehrt und kann sich der Mensch wieder konzentrieren, dann wird der zu Gott Strebende mit Christus das analysieren und bereinigen, was ihn von dem Weg zur Einigung mit Gott ablenken wollte.

Schenkt dem Menschlichen jedoch nur dann eure Aufmerksamkeit, wenn ihr von innen her erschüttert wurdet, und analysiert und bereinigt es mit Christus. Sind es nur Anflüge menschlichen Ichs, die wegziehen, wenn positive, beseelte Gedanken entgegengesetzt werden, so solltet ihr ihnen keine weitere Beachtung schenken. Es können Teile von Entsprechungen sein, die sich gerade in der Umwandlung zu Erinnerungen befinden.

Vertraut euch in jeder Situation immer wieder Gott, unserem himmlischen Vater, an und unserem göttlichen Bruder Christus. Das Vertrauen in den Geist gibt immer wieder innere Stärke und Klarheit. Stärke und Klarheit aus Gott bewirken Sicherheit in der Erfüllung der Aufgaben im täglichen Leben, in der Familie, am Arbeitsplatz und im Freundeskreis.

Das Vertrauen in Gott bewirkt Ausgeglichenheit und Standhaftigkeit.

Ein Merksatz für alle Menschen auf dem Inneren Weg:

Das Ich eines Menschen kann nur so lange auf seine Mitmenschen Einfluß nehmen, bis diese ihrem eigenen menschlichen Ich keinen Tribut mehr leisten und ihr Bewußtsein mehr und mehr zu Gott erheben. Am raschesten verläßt das Ich den Menschen, wenn er sich in jeder Situation Gott anvertraut.

Gabriele:

Nur dadurch können noch viele gerettet werden, und nur dadurch kann eine neue Welt entstehen.

In Ehe und Partnerschaft:
Dualitäts- und Polaritätskräfte – göttliche Energie
für das Leben in der Einheit aller

Bruder Emanuel offenbarte:

Menschen des Geistes stehen in jeder Lebenssituation ihrem Nächsten bei. Das gilt auch für Ehe und Partnerschaft.

Ein Mann, der die Gesetze Gottes hält, ist ein Mann der Tat, ein Beschützer, der sich selbst treu ist in jedem Gedanken, in jedem Wort und in allem, was er vollbringt. Er ist souverän, hat ein angenehmes Äußeres und ein zurückhaltendes Wesen. Er ist bereit zu helfen, wo immer Hilfe gebraucht wird. Er steht seiner Partnerin als treuer und pflichtbewußter Partner zur Seite und lebt mit ihr in der Einheit, die verbindet.

Das gleiche gilt für die Frau, die bewußt im Geiste des Ewigen lebt. Sie hält ihrem Partner die Treue. Sie ist einfühlsam und pflichtbewußt in der Familie und am Arbeitsplatz – überall dort, wo sie tätig ist. So, wie sie ihr geistiges Innenleben nicht vernachlässigt, wird sie es auch im Äußeren halten. Sie ist gepflegt, jedoch nicht aufgeputzt. Sie ist gut gekleidet, jedoch nicht mondän. Sie ist die strahlende, selbstlose, souveräne Partnerin, die das innere Fluidum ausstrahlt, das Fluidum einer geistigen Frau mit allen inneren Vorzügen, die ein geistiges weibliches Prinzip besitzt. Sie lehnt sich nicht an den Partner an und der Partner nicht an sie. Sie sind vereint in Gott und geeint durch Seine Kraft.

Gabriele:

Zwei Menschen in Gott vereint, heißt: Beide erfüllen Gottes Willen. Sie binden sich nicht aneinander, weil sie v e r bunden sind durch die Erfüllung der Gesetze Gottes. Keiner der beiden nimmt vom anderen Energie, weil sie die Energie, Gott, aus sich selbst schöpfen und so ein reiches Innenleben besitzen, das sie auch im Äußeren reich macht. Sie werden nicht darben; sie werden das haben, was sie benötigen, und, je nach ihrer Bewußtseinserweiterung, auch darüber hinaus.

Sie sind nicht aufeinander angewiesen, weil sie die gleichen Interessen pflegen, die Einheit, die Geschwisterlichkeit und die Verbindung mit Gott. Sie sind es, die den Himmel auf die Erde bringen. Denn so, wie im Himmel die Dualpaare leben, so soll es auch auf Erden in Partnerschaft und Ehe sein: Freiheit, Einheit, Dualität – gleich Gemeinsamkeit in allen göttlichen, gesetzmäßigen Aspekten.

Die Duale der Himmel wirken in allem gemeinsam, weil sie in der Mentalität gleich sind, wobei der Mann aus dem Prinzip des Männlichen, des gebenden Teiles, schöpft und die Frau aus dem Prinzip des Weiblichen, des empfangenden Teiles. Das heißt nicht, daß sie ständig beisammen sind. Jeder hat seine Aufgabe in den entsprechenden Bereichen der Unendlichkeit. So kann das männliche Prinzip z.B. ein Planetenältester sein, der ein ganzes Sonnensystem leitet und die Verantwortung dafür Gott gegenüber trägt. Das weibliche Prinzip kann z.B. in den geistigen Entwicklungsebenen Betreuerin oder Lehrerin sein, oder es kann im Evolutionsge-

schehen vielen himmlischen Kindern wiederum Lehrerin oder Betreuerin sein.

Trotz der unterschiedlichen Aufgabenbereiche ergänzen sich die Duale, weil die Anlagen beider weitgehend gleich schwingen.

Wie im Himmel, ähnlich auch auf Erden. Also sollte auch in der geistigen Partnerschaft zwischen zwei Menschen der Geist Gottes wirken. Der geistige Mann und die geistige Frau sollen gemeinsam leben und wirken. Dies strebt Christus für jene Menschen an, die mehr und mehr den Willen des Ewigen tun. Auf diese Weise entsteht das Reich Gottes auf Erden.

Im Reich Gottes auf Erden gibt es auch Partnerschaften; es gibt die Verbindung zwischen Mann und Frau. Auch im Reich Gottes auf Erden werden Kinder gezeugt; doch die Zeugung ist der Wunsch beider, ein Kind zu zeugen, um es Gott, dem Ewigen, zu weihen, indem beide das Gesetz Gottes erfüllen und somit Vorbild für ihr Kind sind.

„Pflichtbewußtsein" ist auf der vierten Stufe das Liebebewußtsein. Er, der geistige Mann, erfüllt die Aufgaben, die einem männlichen, dem positiven Prinzip gestellt sind, aus der selbstlosen Liebe zu Gott und zum Nächsten. Sie, die geistige Frau, erfüllt die Aufgaben, die dem weiblichen Prinzip gestellt sind, ebenfalls aus der selbstlosen Liebe zu Gott und zum Nächsten.

Die Einheit, die alle Menschen des Geistes verbindet, ist die große Geschwisterschaft. In diese geschwisterliche Einheit fügt sich die Partnerschaft ein.

Partnerschaft beziehungsweise Ehe sind insofern eine Verbindung besonderer Art, als Mann und Frau durch die Mentalitätsgleichheit stärker miteinander verbunden sind. Das weibliche und das männliche Prinzip sind, ähnlich wie die Geistwesen im Himmel, Dualitäten, aus welchem die Kinder hervorgehen, die sie dann dem Vater-Muttergott weihen.

Die Paare integrieren sich also voll als Geschwister in die Geschwisterschaft, leben jedoch als Paar gemeinsam die Mentalität und zeugen dann ein Kind, wenn ein Kind gewünscht ist, das sie dann dem Vater-Muttergott weihen. Das heißt also: Der Partner ist allen Bruder, und die Partnerin ist allen Schwester.

Ein Schüler auf dem Inneren Weg stellte in der Schulung die Frage, ob eine Partnerschaft auf dem Inneren Weg hinderlich sei.

Eine Partnerschaft beziehungsweise Ehe ist dann auf dem Inneren Weg hinderlich, wenn die beiden Menschen nicht in Frieden miteinander leben, wenn sie beständig Auseinandersetzungen haben, wenn in Ehe und Partnerschaft Zwistigkeiten und Streit herrschen. Vom Gesetz Gottes aus gesehen ist die Partnerschaft, gleich Ehe, gewollt; denn so wie im Himmel, so soll es auch auf Erden sein. Die Partnerschaft soll jedoch nicht die Paarschaft sein, sondern der Dualität im ewigen Sein gleichen, in welcher Verbindung und Ergänzung, Treue, Achtung und Freiheit walten – nicht aber Bindung und Gebundenheit.

Gehen beide Partner den Inneren Weg, dann können sie gemeinsam zur Entfaltung ihrer geistigen Mentali-

tät, der ihnen eigenen geistigen Kräfte und Qualitäten, heranreifen. Dies geschieht dadurch, daß sie gewissenhaft in ihren Gedanken Ordnung schaffen und sich täglich bemühen, den Willen Gottes zu tun. Aus der Erfüllung des göttlichen Willens erwächst die Treue und zugleich das Zutrauen, das besagt: „Ich traue meinem Partner." Ist das „Trauen", gleich Vertrauen, gegeben, dann kommt allmählich die geistige Mentalität zum Tragen; die Polaritätskräfte gelangen in ein ausgewogenes Verhältnis zueinander, entsprechend der gesetzmäßigen Gleichheit der Kräfte von weiblichem und männlichem Prinzip. Kommen diese reinen Kräfte in Fluß, so ist dies göttliche Energie für das Leben im Geiste, in der Einheit aller. So wirken die Partner gemeinsam für das große Ganze.

Leben und Wirken entsprechend der Mentalität heißt auch Freiheit. Jeder bringt gemäß seiner Entwicklung seine Fähigkeiten in das Gemeinwohl ein.

Ehe bzw. Partnerschaft ist gesetzmäßig, ist also von Gott, unserem ewigen Vater, in den Menschen gelegt, jedoch um nach der göttlichen Gesetzmäßigkeit Frieden und Harmonie zu entfalten.

Eine Partnerschaft, die sich auf die Gesetze Gottes ausrichtet, findet mit der Zeit in die große kosmische Einheit. In dieser Einheit, gleich Gemeinschaft, befinden sich auch die sogenannten Ledigen. Entweder war für sie auf ihrem Lebensweg kein Partner oder keine Partnerin vorgesehen, oder sie sind die erste Zeit den Weg allein gegangen, um dann gleich in die Geschwisterschaft in Gott zu gelangen.

All-Sein ist Allbewußtsein.
Der reine Mensch, die reine Seele stehen in der bewußten Verbindung zum Geist des Lebens

Gabriele:

Lieber Bruder, liebe Schwester, ist unser geistiges Bewußtsein nicht mehr abgedeckt vom menschlichen Ich, dann strahlt es unermüdlich durch uns hindurch, und wir stehen beständig in Kommunikation mit den reinen Kräften des Alls.

Wir haben gehört, daß alles Bewußtsein ist.
Das Reine dient dem Reinen. Wenn das Reine dem Reinen dienen kann, dann wird der Mensch fein, edel und gut. Das Wesen eines Menschen wird klar, zurückhaltend, er strahlt Bewußtheit, Wachheit, Erkenntnis aus und ein Leben, das nicht von dieser Welt ist.
Erkenntnis ist auf der vierten Stufe gleich Weisheit. Wer die vierte Stufe erreicht hat, hat auch Weisheit erlangt. Diese strahlt er als Erkenntnis aus. Er erkennt seinen Nächsten, weil er ihn durchschaut, da er auch sich selbst durchschaut. Er erkennt die Zusammenhänge des Alls, weil er mehr und mehr im All, im Gesetz Gottes, lebt.

All-Sein ist Allbewußtsein. Allbewußtsein heißt: Dem Reinen ist alles bewußt. Ihm ist nichts fremd, ihm ist auch nichts fern, weil das Allbewußtsein sein wahres Sein ist, das inwendig in ihm lebt und wirkt. Alle

Geistwesen sind das Allbewußtsein. Der reine Leib, die wieder reine Seele, ist also das Gesetz Gottes, das Allbewußtsein.

Das Allbewußtsein, das ewige Gesetz, strahlt unermüdlich aus; es durchstrahlt alles, was ist, es strahlt auch durch die Seele und den Menschen hindurch. Sind Seele und Mensch weitgehend rein, so haben sie die b e w u ß t e Verbindung zum Geist des Lebens, dem Göttlichen, dem Sein. Infolgedessen sind Seele und Mensch mit dem ewigen Sein, mit allen positiven Kräften des Alls, in ständiger Kommunikation. Einem solchen Menschen ist es möglich, sich durch eine gesetzmäßige Frage in dieses Kommunikationsnetz des Seins einzuschalten und aus der entsprechenden Gesetzeskommunikation die Antwort zu empfangen. Die gesetzmäßige Frage sucht also im Kommunikationsnetz die entsprechende Kommunikation, aus der sich die Antwort ergibt. Der Mensch empfängt sie in seiner Gefühls- und Empfindungswelt, woraus sich dann die Gedanken formen. Eine gesetzmäßige Frage beinhaltet auch die gesetzmäßige Antwort. Auf diese Weise steht die reine Seele, das nicht mehr abgedeckte geistige Bewußtsein im Menschen, in beständiger Kommunikation mit dem ewigen Sein. Das Einschalten in diesen Kommunikationsfluß erfolgt durch einen Impuls in dieses Kommunikationsnetz.

Jesus von Nazareth sprach sinngemäß: „Selig sind jene, die reinen Herzens sind, denn sie werden Gott schauen." Erfassen wir den Sinn dieser Worte:

Gott ist gegenwärtige Kraft. Gott ist gegenwärtiges Licht. Der Reine erspürt und erfaßt das Göttliche und somit Gott in allem. Jesus sagte auch sinngemäß: „Der Vater und Ich sind eins." Damit sprach Er ebenfalls dieses Kommunikationsnetz an – Gesetz zu Gesetz, Liebe zu Liebe, Weisheit zu Weisheit. Das Gesetz des Vaters ist gleich das komprimierte Gesetz, das Wesen. Jesus war das komprimierte göttliche Gesetz, eins also mit dem ewigen Gesetz, Gott. Deshalb sagte Er sinngemäß: „Der Vater und Ich sind eins." Reinheit zu Reinheit.

Jeder Einfluß ist Bindung.
Zugang zu der unendlichen Fülle
an Lebenskraft nur über unsere Gefühlsebene

Gabriele:

Das Reine kommuniziert mit dem Reinen und bringt wieder Reines hervor. Das Unreine hingegen nimmt auf das Unreine Einfluß und belastet es weiter.

Jeder Einfluß, einerlei, wie er sich zeigt, ist Bindung. Menschen und Seelen und auch Energiefelder wirken subtil und systematisch auf beeinflußbare Menschen ein. Wer nicht wachsam ist, der erkennt dies nicht – und wer es nicht erkennt, der schläft, träumt den Traum des menschlichen Ichs und lebt an seinem irdischen Leben vorbei.
Erfassen wir die Vorgänge unseres menschlichen Ichs, unser irdisches Leben also, nicht, so leben wir an unserem irdischen Leben vorbei. Unser irdisches Leben besteht aus unserem Fühlen, Empfinden, Denken, Sprechen und Handeln, aus unserem Wollen, aus unseren Leidenschaften und Begierden. Wer all das, was ihm an Menschlichem anhaftet, weiter pflegt, ohne darüber nachzudenken, ob dieses sein menschliches Leben den Gesetzen Gottes entspricht oder nicht entspricht – der lebt an seinem Leben vorbei. Das heißt, er erkennt sich nicht.
Wollen wir uns erkennen, dann müssen wir uns erforschen. Wir müssen uns ansehen, wie wir sind. Wir

müssen uns selbst bloßstellen, uns gleichsam entblößen. Nur dann erfahren und entdecken wir die vielen Facetten unseres menschlichen Ichs, die unser Leben sind, die wir in unseren Verhaltensweisen aufzeigen.

Wir reifen nur durch Selbsterkenntnis, die wir gewinnen, wenn wir uns selbst, unser Leben, betrachten. Wer sich manipulieren läßt, indem er ausführt, was sein Nächster sagt, vermag sich nicht zu erkennen, denn er lebt nicht sein eigenes Leben.

Erfüllen wir, was unser Nächster an Menschlichem von uns fordert, dann sind wir von unserem Nächsten gesteuert und leben einen Teil seines Lebens. Er pflanzt uns seine Programme ein, und wir leben nach diesen Fremdprogrammen. Infolgedessen können wir uns selbst nicht erkennen.

Durch jede Beeinflussung, der wir unterliegen, sind wir an den Menschen gebunden, dessen Programme wir angenommen haben.

Die Bindung zum Menschen entsteht durch die eigene Schwäche. Die Seele ist noch zu schwach, um aufrecht und geradlinig Gottes Willen zu erfüllen. Die Seele hat noch nicht die Kraft, sich einzig auf Gott auszurichten; deshalb richtet sie sich und richtet sich der Mensch auf Menschen aus.

Uns ist jedoch geboten, uns einzig auf Gott auszurichten, um die Standfestigkeit in Gott zu erlangen, Seine Kraft, Seine Weisheit und Liebe.

Deshalb werden sich Menschen, die das göttliche Gesetz halten, niemals aneinander binden, auch nicht an äußere Dinge wie Kunstwerke, Bauwerke, Häuser, Geld und Gut.

Schaffen wir Bindungen, so schaffen wir Magneten. Wir magnetisieren gleichsam die Kunstwerke, die Bauwerke, die Häuser, unser Geld und Gut mit unserem Wollen und Wünschen. Dieser Magnetismus zieht uns immer wieder an. Nach dem Leibestod zieht er uns eventuell wieder in eine neue Inkarnation. Wir werden dann unter Umständen an den gleichen Bauwerken weiterbauen oder diese in einer anderen Zeitepoche restaurieren oder darin leben. Dieser Kreislauf des Gehens und Kommens kann sich so lange vollziehen, bis wir diese Bindungen erkannt und abgelegt haben.

Ein Mensch, der eingetaucht ist in das Gesetz Gottes, sieht sich als den getreuen Verwalter, der mit dem, was ihm von Gott, dem Gesetz, in die Hände gelegt wurde, verantwortungsvoll haushaltet und es so einsetzt, wie es dem Willen Gottes entspricht.

Erst wenn wir in das göttliche Bewußtsein, in die selbstlose Liebe, eingetaucht sind, spüren wir, daß eine mächtige Kraft, eine unendliche Fülle an Lebenskraft, in uns wohnt. Dann erst ist es uns völlig bewußt, wer wir sind. Wir brauchen nicht mehr an die Gesetze und an unser wahres Sein zu g l a u b e n . Wir spüren selbst, wer wir aus Gottes Geist sind, weil wir Gottes Gesetze halten und sie auch im Alltag anwenden. Wir erfahren es täglich an uns selbst, daß uns nur das zustrahlt und durchstrahlt, was wir in uns selbst haben – Göttliches oder Menschliches.

Wir sind auf Erden, um wieder göttlich zu werden.

Die göttliche Liebe ist die selbstlose Liebe. Sie ist der innere Reichtum, und wer im Inneren reich ist, der lebt für das Wohl aller. So wie im Himmel, so soll es auch auf Erden sein. So besitzt jeder genügend; er hat alles, wessen er bedarf. Das ist das Gemeinwohl.

Wir hörten: „Erst wenn wir in das göttliche Bewußtsein, in die selbstlose Liebe, eingetaucht sind, spüren wir, daß eine mächtige Kraft, eine unendliche Fülle an Lebenskraft in uns wohnt."

Wir spüren das in unserer Gefühlsebene. Die Gefühlsebene zeigt auf, ob wir in beständiger Kommunikation mit Gott, dem ewigen, gesetzmäßigen Kommunikationsnetz, stehen oder ob wir noch Menschliches an uns haben.

Der geistig Reife ist mehr der Gefühlsmensch, weil er gelernt hat, sich in alles hineinzufühlen, also hineinzuempfinden und hineinzuspüren. Er spürt und fühlt die Tiefen seines Nächsten und lotet sie mit seinen wachen, reinen Gefühlen aus. Dieser Gefühlsmensch kann auch in seine eigene Gefühlsebene tief eintauchen, ähnlich, wie der Mensch auf den Grund eines Sees taucht. Tief in der Gefühlsebene spürt er die beständig fließenden Kommunikationen mit dem ewigen Geist.

Dem Reinen ist es jeden Augenblick möglich, in seine Gefühlsebene einzutauchen. Dann nimmt er Gesetzesströme der göttlichen Ordnung, des göttlichen Willens, der ewigen Weisheit, des Ernstes, der unendlichen Güte, Liebe und Sanftmut wahr. Immer dann, wenn er in die Gefühlsebene eintaucht, vernimmt er gleichsam als Impulse die reinen Kommunikationen, welche die Symphonien des ewigen Seins sind.

Ein Schüler auf der vierten Stufe müßte schon ein solcher Gefühlsmensch sein. Ist seine Seele auch noch nicht völlig gereinigt, so sind doch große Teile des kosmisches Leibes rein. Diese reinen Aspekte verschenken sich. In diese erschlossenen Ströme kann der Schüler auf der Stufe des göttlichen Ernstes eintauchen, um den ewigen Kommunikationsstrom des Alls zu erspüren. In welchem Maße ihm dies möglich ist, läßt ihn erkennen, wie weit er im Geiste Gottes gereift ist.

Nur über die Gefühlsebene erlangen wir den Zugang zu der unendlichen Fülle an Lebenskraft, die in uns liegt, denn unsere Gefühlsebene ist eng verbunden mit unserer Seele; sie ist der Resonanzboden der Seele. Die Seele sendet ihre Impulse über die Gefühle und Empfindungen zu unserer Gedankenwelt. Ist unsere Gedankenwelt noch unrein, dann können wir die Seele nicht wahrnehmen. Bleibt unsere Gedankenwelt unrein, dann sind wir ständig im Oberbewußtsein und haben nie gelernt, in die Tiefen der Gefühle einzutauchen. Es kann sogar zu einer Blockade in der Gefühlsebene kommen. Dann empfängt der Mensch kaum mehr Impulse aus seiner Seele. Es strahlt nur noch die erhaltende Gottesenergie hindurch, die den Menschen am Leben erhält.

Wer täglich verwirklicht und mehr und mehr in die Erfüllung der göttlichen Gesetze eintritt, dessen Seele ist wach und rege. Sie ist stark und fest verwurzelt im Urgrund, Gott, und vermittelt ihrem Menschen die Impulse für ein gesetzmäßiges Leben und Wirken.

*Die geistige Mentalität erwacht.
Die göttliche Durchstrahlkraft wirkt
in allen Lebensbereichen. Die geistige Sprache
ist die Sprache der Gegenwart*

Bruder Emanuel offenbarte:

Wessen Gefühle, Empfindungen, Gedanken, Worte und Handlungen gesetzmäßig sind, der besitzt die Durchstrahlkraft. Ihm wird alles gelingen, was in Gottes Willen ist, weil er mit der Kraft der gesetzmäßigen Gedanken, Worte und Handlungen alles, was gebunden ist, in Bewegung bringt und mit seiner göttlichen Ausstrahlung das anregt, was positiv ist – auch das Positive im Negativen.

Für den von Gott Erfüllten gibt es nichts, was unmöglich ist. Ihm dienen die Kräfte des Alls, und er wird auch die kosmischen Kräfte in dieser Welt anwenden zum Wohle aller, die sich bemühen, ebenfalls Gottes Willen zu erfüllen.

Gabriele:

Das Gesetz, Gott, ist für den Menschen auf der Stufe des Ernstes zum Prinzip seines Denkens und Handelns geworden. Durch die Verwirklichung der Gesetze Gottes kennt er nun die Anwendung des ewigen Gesetzes, das ihm sowohl Richtschnur für sein Denken und Handeln ist als auch die Kraftquelle für sein Wirken.

Die Durchstrahlkraft, die einem geistigen Menschen für sein Leben und Wirken zur Verfügung steht, ist die Strahlkraft Gottes, die durch die gereinigte Seele fließt. Die Kraft Gottes strahlt, wie wir schon gehört haben, über unsere Gefühle in unsere Empfindungs- und Gedankenwelt; sie formuliert sich in Worten und wirkt in unseren Handlungen.

Sind unsere Worte und Gedanken nicht göttlich, haben wir also auf der Ordnungsstufe die Gedankenkontrolle nicht geübt, haben wir unsere Sinne nicht gemeistert, unsere Rede nicht gezügelt, haben wir uns somit nicht verfeinert, sind wir nicht gereinigt, dann können wir niemals die Strahlkraft Gottes erfahren, weil wir selbst die Blockade sind – die Blockade durch unsere eigenen negativen Gedanken und Worte.

Die Durchstrahlkraft ist also die Strahlkraft Gottes durch unsere Seele und durch den ganzen Menschen, durch die Empfindungs- und Gedankenebene, durch Worte und Handlungen.

Von einem solchen Menschen im Lichte Gottes sagte unser Geistiger Lehrer, Bruder Emanuel, daß diesem nichts unmöglich ist. Diese Aussage gilt nur absolut unter Menschen, die auf ein und derselben hohen geistigen Stufe stehen.

Ein solcher Mensch als Einzelner vermag nicht die Welt umzustülpen, weil die Materialisten an der Welt festhalten. Er kann nicht von einem zum anderen Tag den Himmel auf die Erde holen, doch er kann vielen den Weg zum inneren Himmel weisen. Für einige wenige kann und wird er den Himmel auf die Erde holen –

für jene, die einwärts wandern, um den inneren Himmel zu erschließen.

Menschen im Geiste Gottes verstehen die Kunst zu leben. Sie machen aus jeder Situation das Beste.
Der geistige Mensch wird nicht klagen und jammern, wenn er mit Gegensätzlichem konfrontiert wird, wenn Probleme auftreten oder Schwierigkeiten an ihn herangetragen werden. Er weiß: Alles Negative ist gebundene Energie, und er weiß diese gebundene Energie, die Probleme und Schwierigkeiten, in Bewegung zu bringen. Dies geschieht, indem er seine positiven Kräfte sammelt, diese in das Problem, in die Schwierigkeit, in das also, was auf ihn zukommt, einstrahlt und somit den positiven Kern, der in allem ist – auch im Problem und in der Schwierigkeit –, in Aktion bringt.

Bruder Emanuel:

Im Laufe der Wandlung vom weltlich orientierten Menschen zum Menschen des Geistes in Christus erwacht auch die geistige Mentalität. Das wirkt sich wie folgt aus:
Zum Beispiel verbessert er sich in seiner bisherigen Tätigkeit. Der Mensch wird kreativer und kraftvoller, und sein Betätigungsfeld erweitert sich. Mit der Erweiterung seines Bewußtseins wird es ihm möglich, auch andere Aufgaben gewissenhaft und gesetzmäßig auszuführen. Weil sein geistiger Horizont, seine inneren Anlagen, seine geistigen Fähigkeiten ausstrahlen, wird es

möglich, daß er eine andere Tätigkeit als bisher ausübt. Diese vermag er nun unpersönlich für das Gemeinwohl einzusetzen, weil sich seine geistigen Fähigkeiten in die dreidimensionale Welt heruntertransformieren. Solche Fähigkeiten, die aus der reinen Seele strahlen und sich in der Welt umsetzen, nennen wir auch die Mentalität des Geistwesens, des reinen Wesens in der Seele, das im Menschenkörper lebt und wirkt.

Gabriele:

Im veräußerlichten Menschen sind die mentalitätsbedingten göttlichen Gaben, die Fähigkeiten und Talente, verpolt, belastet und heruntertransformiert durch die Sünde.

Nähert sich der Mensch mehr und mehr der Göttlichkeit, dann wird seine geistige Mentalität, aus der sich seine Fähigkeiten ergeben, sichtbar; diese werden offenbar. Die Herkunft des Geistwesens ist entscheidend. Kommt das Geistwesen aus der Himmelsregion der Ordnung, aus der Himmelsregion der Weisheit oder der Geduld, dann hat es die entsprechende Mentalität mit den entsprechenden Fähigkeiten.

Die Fähigkeit, mit den Erfordernissen des täglichen Lebens, z.B. mit der beruflichen Tätigkeit, besser fertigzuwerden, entwickelt sich dadurch, daß der Mensch konsequent den Inneren Weg geht, Stufe für Stufe gesetzmäßig absolviert und auch das Prinzip „Bete und arbeite" nicht vernachlässigt. Gerade im Bereich der Arbeit zeigt sich oft die schrittweise Entfaltung des geistigen Bewußtseins. Der geistige Mensch kann sich aus seinem Beruf, den er gewissenhaft ausführt, herausentwickeln zu weiteren Fähigkeiten. Diese ergeben sich im Laufe der Evolution aus der erwachten geistigen Mentalität, wenn die Seele immer reiner, immer lichter wird und die göttliche Herkunft ausstrahlt. Unsere Tat weist aus, wes Geistes Kind wir sind; denn an unseren Früchten sind wir zu erkennen.

Jedes reine Wesen im ewigen Sein hat seine eigene Mentalität. Es strahlt diese in mehreren Facetten in die Unendlichkeit. Die geistigen Facetten sind geistige Anlagen für die Ausübung bestimmter Tätigkeiten im göttlichen Sein. Die verschiedenen Facetten, die geistigen Fähigkeiten, bilden die Mentalität des Geistwesens. Damit erfüllt das Geistwesen seine Aufgaben in der Ewigkeit.

Diese göttliche Mentalität ist in jedem von uns, weil der geistige Leib in der Hülle wohnt. Sie wird dann aktiv, wenn unser geistiges Bewußtsein allumfassend zu leuchten beginnt.

Wir wissen: Alles ist in allem enthalten. Auch die Mentalitätsenergie aller Geistwesen ist als Essenz in jedem Geistwesen, so auch in uns. Deshalb ist auch jedes Geistwesen allbewußt; es wirkt im All jedoch nur mit den geistigen Fähigkeiten, die seinem geistigen Wesen entsprechen – z.B. in der Lehrtätigkeit für Geistkinder, in schöpferischen, gestaltenden Tätigkeiten, im Mitwirken an den Evolutionsschritten von geistigen Lebensformen usw.

Die Wesensmerkmale eines Geistwesens sind von den sieben Grundkräften der Schöpfung geprägt, von den Kräften der Ordnung, des Willens, der Weisheit, des Ernstes, der Geduld, der Liebe und der Barmherzigkeit.

Die Mentalitätsschwingungen sind u.a. Ansprechungs- oder Kommunikationskräfte. Mit ihnen können alle Geistwesen untereinander in Kommunikation treten. Das bewirkt unter anderem Offenheit, Einheit und Freiheit.

Diese Ansprechungs- oder Kommunikationskräfte bilden jenes Kommunikationsnetz, von dem wir schon hörten, das in der Tiefe unserer Empfindungs- und unserer Gefühlswelt wahrzunehmen ist, wenn wir uns von außen nach innen in unser Sein hineingearbeitet haben – durch tägliche Verwirklichung, durch Gedankenordnung, Sinnesschulung, Kontrolle der Worte, alles in allem durch die Ausrichtung auf Gott.

Im Geistwesen und in der wieder reinen Seele ist jede Schwingung, jede feinste Nuance göttlicher Strahlung, gegenwärtig.

Das hat auch die absolute Bewegungsfreiheit in der Unendlichkeit zur Folge: Da alles in allem enthalten ist, kann sich kraft des ewigen Gesetzes jedes Geistwesen in alle Reiche der Unendlichkeit begeben oder in der inneren Schau mit ihnen in Verbindung treten, ohne seinen Aufenthaltsort zu verlassen.

Solange sein geistiges Bewußtsein einverleibt ist, empfängt der Mensch in seinem Innersten aus dem Sein, das sein wahres Leben und sein Dasein ist. Was wir von innen empfangen, die Impulse aus dem Innersten, steigt gleich Wasserperlen in unser Oberbewußt-

sein, um dort die Gehirnzellen zu aktivieren. Dann vernehmen wir das Göttliche als Gedanken in uns, die wiederum göttlich sind.

Das Empfangen aus dem Sein ist uns jedoch nur dann möglich, wenn unsere Gehirnzellen gereinigt und auf das Sein, auf unser erschlossenes geistiges Bewußtsein, ausgerichtet sind, um von der göttlichen Kraft belichtet werden zu können. Deshalb wiederholt Bruder Emanuel insbesondere auf den Stufen der Ordnung und des Willens immer wieder die Lektionen: Ordne deine Gedanken, zügle deine Rede, meistere deine Sinne, übergib deine Leidenschaften Christus, bereinige mit Ihm die Vergangenheit, und lebe im Jetzt.

Nur dadurch kommen wir allmählich in Übereinstimmung mit den göttlichen Kräften.

Menschen auf der Stufe des Ernstes leben bewußt. Sie leben mehr im Inneren als im Äußeren. Das heißt, sie schöpfen gleichsam aus der unerschöpflichen Quelle ihres erschlossenen geistigen Bewußtseins. Das geistige Bewußtsein eines geistigen Menschen strahlt immer mehr durch ihn hindurch, weil er im Sein, in seinem Innersten, lebt. Selten tritt er mit dem Äußeren eines Menschen in Kommunikation, mit seinen menschlichen Gedanken, Wünschen und Leidenschaften. Er tritt in Kommunikation mit dem Innersten des Menschen und dem Innersten aller Lebensformen, weil er selbst im Inneren lebt. Ein solcher Mensch lebt im Gesetz und lebt somit gegenwärtig.

Im Jetzt zu leben heißt, das Gesetzmäßige immer als gegenwärtig zu bejahen und es gegenwärtig in sich zu behalten. Als Menschen haben wir die Sprache der Vergangenheit, der Gegenwart und der Zukunft. Wir müssen diese Sprache gebrauchen, um uns auszudrükken und zu verständigen. Wenn jedoch der geistig gereifte Mensch das Wort der Zukunft verwendet, so hat er die Gesetzmäßigkeit, die er in der Zukunft darstellt, schon in sich als Gegenwart. Er spricht z.B.: „In drei Tagen werde ich dies und jenes erledigen." Was er in drei Tagen erledigen wird, das hat er heute schon in sich erledigt; es ist heute schon in ihm erfüllt. Das heißt, es ist in ihm gedanklich schon vollzogen.

Die geistige Sprache, welche die Sprache der Gegenwart ist, kommt vielleicht erst nach Generationen auf diese Erde – dann, wenn das Friedensreich Jesu Christi aktiv ist und jene Menschen im Friedensreich leben, die ausschließlich die Gesetze Gottes erfüllen. Dann ist die Sprache die Gegenwart und wird nicht mehr viele Worte haben. Die Sprache der Menschen im Gesetz Gottes ist mehr auf Telepathie bezogen, das heißt auf die Impulsgebung vom Göttlichen zum Göttlichen, und ist somit immer gegenwärtig.

Die Kommunikation wird eine andere sein als die, wie wir sie jetzt pflegen: Ein Wort oder einige Worte werden in Bildern übermittelt, in denen der ganze Inhalt der Sendung sichtbar ist. Die Bilder werden dann wiederum in der Partikelstruktur der Seele des Empfängers aktiv oder kommen als Bilder in der Zellstruktur des menschlichen Gehirns an.

Ich darf die Dauerübung wiederholen, die uns Bruder Emanuel offenbarte:

Wir sollen immer wieder die Strahlen unseres geistigen Bewußtseins zu dem Sein im Innersten der Menschen und aller Lebensformen senden, um so die Kommunikation mit dem Göttlichen in allem zu erlernen.

Die Strahlen unseres geistigen Bewußtseins nehmen den Weg über unsere Gefühlswelt. Arbeiten wir mehr mit unseren Gefühlen, dann werden wir wachsamer und empfindsamer für das Innerste unseres Nächsten. Der Resonanzboden, der dann die Impulse des Nächsten für uns wahrnehmbar werden läßt, ist unsere Gedankenebene.
Dies sollten wir üben und uns immer wieder bewußt machen.

Unter anderem lehrte Bruder Emanuel, daß wir durch diese Übung unser seelisches Empfinden verfeinern – und auf unserem weiteren Evolutionsweg die Sicherheit erlangen, aus Gottes Allmacht zu empfangen und von Christus, unserem göttlichen Bruder. Durch die Kommunikation mit dem Höchsten verfeinern wir auch unsere Empfindungswelt und können dadurch immer neue Aspekte des Seins empfangen.

***Wir halten die Tempelordnung,
weil wir nichts anderes mehr wollen,
als Gott zu gefallen. Das unpersönliche Leben:
E s denkt und wirkt durch uns***

Gabriele:

Eine weitere Weisung von Bruder Emanuel sei uns erneut in Erinnerung gebracht:

Das Gebet unserer Seele sollte frei fließen. Ohne unser Zutun, von selbst, soll e s in uns Gott loben, preisen, ehren und rühmen. Geschieht dies aus der Tiefe unseres Inneren heraus, so zeigt sich darin: Das Kind ist beim ewigen Vater.

Sind unsere Gebete wahrhaft selbstlos, dann ist unser göttliches Bewußtsein in weiten Teilen frei, und es strahlt durch unsere Seele in den Menschen.

Unsere Gebete sollen Bewußtseinsgebete sein. Ähnlich, wie unser geistiges Bewußtsein unermüdlich strahlt und uns durchstrahlt, wenn wir in unserem Inneren zu Hause sind, also in unserem wahren Sein leben, so ist auch unser Gebet. Wir formulieren es nicht nach unserem Wollen und nach unseren Wünschen – wir lassen es beten. Beten-Lassen heißt: Es betet unser erschlossenes göttliches Bewußtsein. Und dieses Gebet ist nicht ein Gebet des Bittens oder des Bettelns, sondern es ist ein Lob- und Preisgebet, ein tiefes Dankgebet an den Ewigen; denn das erschlossene göttliche Bewußtsein braucht nichts zu erbitten und zu erbetteln – es besitzt, weil es das göttliche Erbe ist.

An dieser Stelle darf ich auch an die Verbindung mit dem Geist unseres göttlichen Bruders erinnern, der das Sein in uns, dem Sein, ist, und der unser Innerer Helfer und Ratgeber ist. Auch sei an das Buch des göttlich Erfüllten erinnert. Denn wir sollen notieren, was unser göttlicher Bruder, unser Helfer und Ratgeber, uns persönlich für unseren weiteren Lebensweg offenbart. Diese Hinweise im Buch des göttlich Erfüllten sollen wir nicht nur dort belassen, sondern in ruhigen Stunden überdenken, analysieren und in unserem Herzen bewegen – und dann das bereinigen, was noch ansteht.

Auch um die Mittagszeit sollten wir uns mit unserem göttlichen Bruder Christus verbinden.
Wir schließen den Vormittag mit der göttlichen Kraft in uns ab, und beginnen auch den Nachmittag mit unserem göttlichen Bruder, dem Geist Christi in uns.
Auch vor dem Abendbrot soll der Tag mit Christus abgeschlossen werden. Der erfüllte Mensch wird mit Christus in die Abendstunden gehen.

Ein Hinweis für unsere erneute Selbstfindung:
Erfüllte Menschen sind gütig. Güte bedeutet auch das Verständnis für unsere Mitmenschen, auch für unsere Familie, für unsere Freunde, Arbeitskollegen und -kolleginnen und für alle Menschen, denen wir begegnen oder an die wir denken.
Lassen wir auch die Verfeinerung unserer Sinne nicht außer acht! Lassen wir unsere Sinne nicht von einem Sinneseindruck zum anderen schweifen. Vergegenwärtigen wir uns immer wieder: Der geistige

Mensch ruht in sich, weil die Sinne ihn nicht mehr nach außen ziehen, ihn nicht mehr ablenken und drängen.

Auch das Schauen sei uns in Erinnerung gerufen. Der Erleuchtete im Lichte der Wahrheit schaut, das heißt, er durchdringt den Schein. Ohne zu urteilen oder zu werten, ordnet er alles ein in Sein oder Schein. Denken wir daran: Der geistige Mensch kann von seinen Mitmenschen nicht getäuscht werden, denn er hat verwirklicht und lebt mehr und mehr in der Erfüllung des ewigen Gesetzes.

Wer immer mehr im Inneren zu Hause ist, der erkennt, daß Gott keine Geheimnisse hat, denn dem Reinen ist alles offenbar, was dem Unreinen verschlossen ist. Wer noch von den Geheimnissen Gottes spricht, dessen geistiges Bewußtsein ist noch von den Schleiern seines menschlichen Ichs abgedeckt. Das sind die Schichten seiner Belastungen, die dem Menschen den Blick für die Realität des Lebens, für die ewige Wahrheit, trüben.

Liebe Schwester, lieber Bruder, in unser Buch des göttlich Erfüllten notieren wir folgende inhaltsreiche Sätze:

Erst wenn wir nichts anderes mehr wollen, als Gott zu gefallen, dann werden wir auch Gott in uns vernehmen, weil der Tropfen im Ozean des Lebens ruht, in Gott. Dann ist unser Tempel weitgehend gereinigt, und wir halten die Tempelordnung.

Machen wir uns immer wieder aufs neue bewußt, daß der Geist Gottes, das Ich Bin, im Menschen wohnt und daß Gott unpersönliches Leben ist.

Das für uns kleine und unscheinbare Wort „es" drückt den Strom des Geistes Gottes, den Strom der Unendlichkeit aus, die unpersönliche Liebe, das unpersönliche Leben. Ist der Tropfen in das Meer des Lebens eingetaucht, dann ist er unpersönlich; er ist zum „Es" geworden.

Das Es besagt:
Nicht ich fühle – e s fühlt durch mich.
Nicht ich empfinde – e s empfindet durch mich.
Nicht ich denke – e s denkt durch mich.
Nicht ich rede – e s redet durch mich.
Nicht ich handle – e s handelt und wirkt durch mich.

Stets sollten wir uns dessen bewußt sein und in dieser Bewußtheit unsere Erdentage durchschreiten, daß wir ohne Gott nicht existieren können. Gottes Kraft, Liebe und Weisheit erhalten die Hülle Mensch.

Die Bruderschaft in Christus.
Die unmittelbare Führung durch Impulse unseres Bruders Christus erfolgt schrittweise. Deutliche Warnung an den Unerleuchteten, der sich anmaßt, das Höchste empfangen zu wollen

Bruder Emanuel offenbarte:

Im Namen des Vaters und des Sohnes durfte ich euch viele Lehren und Lektionen geben. Viele Aufgaben zeigten euch euer eigenes Für und Wider und ließen euch ebenso erkennen, daß ihr Wesen des Lichtes seid, ausgestattet mit der unbegrenzten Fülle aus Gott.

Der Innere Weg führt über Christus hin zum ewigen Vater, denn keiner kommt zum Vater – einzig durch Christus, seinen Erlöser.

Ich, euer göttlicher Bruder, der Cherub der göttlichen Weisheit, auf Erden für die Menschen Bruder Emanuel genannt, belehre euch bis zum Ende der vierten Stufe. In eurem Inneren jedoch wurdet und werdet ihr von Christus, eurem Erlöser, geführt. Auf dem Inneren Weg bewegt ihr euch nun immer mehr auf das Ende der vierten Stufe zu. Das bedeutet, daß ihr immer tiefer in die Bruderschaft Christi eintaucht.

Gabriele:

Die Bruderschaft Jesu Christi setzt sich aus Menschen aller Altersstufen zusammen, die einzig die Gesetze Inneren Lebens verwirklichen. Es sind Menschen, die alleinstehend waren; Menschen, die in der Partnerschaft sind oder in Partnerschaft waren; Menschen aus allen Berufszweigen und Berufsständen – Menschen, in deren Mittelpunkt Christus und somit das Christusbewußtsein aktiv ist; Menschen, die Christus nicht nur als ihren Erlöser sehen, sondern auch als ihren Bruder, der sie führt, der sie leitet und der der Mittelpunkt dieser Brudergemeinschaft ist.

Diese Brudergemeinschaft besteht aus dem Bewußtsein der Christus-Gottesgemeinschaft, das heißt, alle Brüder und Schwestern sind entweder auf der Stufe des Ernstes oder nahe dieser Stufe oder schon darüber hinaus auf den Stufen der Kindschaftseigenschaften, auf den Reifestufen der göttlichen Geduld, Liebe und Barmherzigkeit.

Was ist das Ziel der Bruderschaft Christi?

Die Bruderschaft in Christus besteht aus Menschen, die den Christusweg weitgehend gegangen sind und im Namen des Christus Gottes hinausgehen, um die Brüder und Schwestern in der Welt den Inneren Weg zu lehren. Diese wahren Nachfolger Jesu unterweisen auch ihre Brüder und Schwestern in den Christusbetrieben, wie ein Leben und Arbeiten nach den Gesetzen Gottes möglich ist.

Bruder Emanuel offenbarte:

Auf der Evolutionsstufe des Ernstes darf ich euch nun ganz allmählich der unmittelbaren Führung Christi, unseres göttlichen Bruders, des Mitregenten der

Himmel, übergeben, der euch in das heilige Bewußtsein des ewigen Vaters führt. Christus, unser göttlicher Bruder, übernimmt nun allmählich jeden einzelnen, der sich rechtmäßig auf der vierten Evolutionsstufe befindet, in Seine unmittelbare Führung und lehrt ihn immer tiefer die Anwendung der ewigen Gesetze, der sieben himmlischen Grundkräfte von der Ordnung bis zur Barmherzigkeit. Es ist der siebenstufige Pfad mit Christus. Christus, der Mitregent der Himmel, unser göttlicher Bruder, wird euch auch immer wieder unpersönliche Impulse geben, wenn noch Unwesentliches, also Menschliches, vorhanden ist, auf daß ihr dieses bereinigt.

Bis Christus, unser göttlicher Bruder, in euch die unmittelbare Führung übernehmen kann, darf ich euch immer wieder Übungen geben, auf daß ihr die Impulse unseres göttlichen Bruders besser und klarer zu empfangen vermögt.

Bitte macht euch bewußt, daß die Impulse des Inneren nur für euch persönlich sind und nicht zur Übermittlung an Zweite oder Dritte.

Auf der Evolutionsstufe des Ernstes beginnt also schrittweise die unmittelbare Führung jedes einzelnen durch Impulse seines göttlichen Bruders, des Geistes Christi im Innersten der Seele. Nun heißt es, das zu erkennen, zu verwirklichen und zu erfüllen, was jeder einzelne für sich persönlich vernimmt.

Wenn ihr die von mir, Bruder Emanuel, auf allen Evolutionsstufen offenbarten Lektionen und Aufgaben gewissenhaft verwirklicht habt, dann sind eure Gehirnzellen so weit gereinigt, daß ihr den Geist Christi allmählich empfangen könnt. Durch weitere Übungen werden die Impulse Christi immer klarer. Die Geräusche der Seelenhüllen hören auf, denn die Seelenhüllen sind entweder durchlichtet oder umgewandelt in Gesetzesenergien. Das Fließen der menschlichen Kommunikationen – der menschlichen Empfindungen und Gedanken, der drängenden Wünsche und Leidenschaften, der Feindschaften und Streitigkeiten – ist in göttliche Kommunikation, in gesetzmäßige Energie, umgewandelt. Es ist in euch still geworden. Wer in Gott ruht, der empfängt auch von Gott.

Gabriele:

Das Umwandeln der menschlichen Empfindungen und Gedanken in göttliche Kommunikation besagt: Durch den Weg der Bereinigung sind die Entsprechungen, die Belastungen der Seelenhüllen, umgewandelt. Was umgewandelt ist, ist dann nicht mehr die Belastung, sondern göttliche Energie. Wo göttliche Energie aktiv ist, ist die Kommunikation mit dem Göttlichen lebendig.

Bruder Emanuel:

Jeder Mensch besitzt den freien Willen, deshalb darf ich, Bruder Emanuel, nicht in eure Gedanken- und Wunschwelt eingreifen.

Jeder muß sich nun selbst prüfen, ob er das Wagnis eingehen möchte, das Innerste zu vernehmen – und diesem zu vertrauen.

Bewußt sprach ich von Wagnis. Denn wer nur eine geringe Verwirklichung aufweist, der kann entweder keine Impulse vom Geiste Christi empfangen oder nur Mischgut – oder er empfängt aus anderen Quellen. Es kommt also auf die Belastung oder den Reinheitsgrad des einzelnen an.

Wer noch sehr verschattet ist – er merkt es selbst an seinen menschlichen Empfindungen und Gedanken, seinen Regungen und Neigungen gegenüber seinen Mitmenschen –, vernimmt nur die Geräusche seiner eigenen Seelenhüllen. Diese stehen mit entsprechenden Energiefeldern in Kommunikation, die aus der Atmosphäre senden – oder Seelen treten mit ihm in Kontakt, die als Erdgebundene unter den Menschen verweilen. Solche und ähnliche Impulse ruft der ab, der sich zu weit vorgewagt hat – ohne sein Gewissen und seine Unterkommunikationen zu prüfen.

Gabriele:

Diese Erläuterungen sind jedem Schüler klar, der die Stufen von der Ordnung bis zur Weisheit durchlaufen hat, der also diese Lektionen und Aufgaben weitgehend verwirklicht hat. Eine Warnung muß für denjenigen ausgesprochen werden, der die ersten Stufen des geistigen Evolutionsweges übersprungen hat und glaubt, gleich auf der vierten Stufe, der Stufe des Ern-

stes, beginnen zu können, um die Führung durch den Christus-Gottesgeist im Innersten der Seele zu erlangen. Ein solcher Schüler kann sicher sein, daß er sich in große Gefahr begibt – in die Gefahr, nicht von Christus geführt, sondern von Energiefeldern gesteuert zu werden. Diese scheuen sich nicht, sich auch als Christus auszugeben.

Unser Geister Lehrer, Bruder Emanuel, offenbarte:

Ich warne jeden Menschen, fanatisch nach innen zu lauschen und um Inspiration zu bitten, solange er noch mit sich selbst in Feindschaft lebt, seine Mitmenschen nicht an- und aufzunehmen vermag, über seinen Nächsten urteilt und richtet, noch von drängenden Wünschen und Leidenschaften umwölkt ist und seine Sinne noch leidenschaftlich reagieren. Wer es dennoch hartnäckig verfolgt, um für sich persönlich, für sein menschliches Ich, etwas zu erreichen oder sich damit aufzuwerten, der wird auch empfangen – jedoch nicht aus dem reinen Sein. Ich warne also.

Auch der Schüler, in dem öfter aggressive Ausbrüche auftreten, bei denen er seinen Nächsten abwertet, ihn verurteilt oder verunglimpft, schwebt in Gefahr, wenn er sich anmaßt, das Höchste empfangen zu können.

Wer jedoch den Inneren Weg gewissenhaft gewandelt ist, der ist frei von diesen menschlichen Geräuschen, von Sein-, Besitzen- und Habenwollen. Er ist in sich still geworden und hat somit zur inneren Ruhe gefunden.

Nur in der Stille ist geistiges Wachstum und göttliche Offenbarung möglich.

Christus kann nur den ernsthaften, den wahren Weisen, der mehrere Erleuchtungsgrade entfaltet hat, zum Ursprung der Quelle führen.

Das mystische Leben:
das Leben in und mit Gott und mit dem Nächsten,
auch in Ehe und Partnerschaft

Bruder Emanuel:

Das mystische Leben ist Einheit. Die Einheit in Gott kennt kein Mein und Dein, sondern das Wir: Wir sind alle Brüder und Schwestern in Gott. Dies führt zum Weitblick und zum Miteinander, auch in Ehe und Partnerschaft, denn durch die Kommunikation mit dem Göttlichen ist es dem Menschen möglich, selbstlos zu helfen und zu dienen und mit seinem Nächsten selbstlos zu leben.

Selbstloses Leben ist zugleich die selbstlose Liebe. Dieses Leben im Geiste Gottes wird unter den Menschen auch das mystische Leben genannt. Es ist das Leben in und mit Gott und mit dem Nächsten. Das Gesetz Gottes lautet: Gleiches verbindet sich mit Gleichem. So werden Gleichgesinnte, die das eine Ziel haben, Gottes Gesetze zu erfüllen und ihren Mitmenschen selbstlos zu dienen und zu helfen, zusammenfinden und miteinander leben und wirken.

Die mystische Liebe ist auch die Liebekraft und Liebefähigkeit zwischen den Partnern: Sie lieben einander in Gott und nicht um ihrer selbst und um ihrer Körper willen. Das heißt, sie lieben einander nicht mit der eigensüchtigen, körperbezogenen, menschlichen Liebe zur Befriedigung ihrer Körper. Der Körperkontakt ist in der mystischen Liebe nicht verboten, denn im Geiste der Liebe gibt es keine Verbote. Der Körperkontakt beruht bei gotterfüllten Menschen nicht mehr auf der Befriedigung der Sexualwünsche, sondern im gegenseitigen Sich-Schenken. Die körperliche Vereinigung erfolgt also nicht, um sich abzureagieren oder Besitzansprüche anzumelden. Der körperliche Akt ist nun eine Vereinigung beider Geschlechter, von Mann und Frau, welche die Sinneskräfte zum Göttlichen hin hochtransformieren und ineinander ruhen, bis sie eins mit Gott sind; dann lieben sie einander, ohne den Körper des Nächsten aufsuchen zu wollen.

Die Sexualbetätigung trägt nur zur Entspannung der aufgepeitschten Nerven bei. Wer seine Nerven nicht mit menschlichen Gedanken spannt, also auflädt, der bleibt entspannt. Er wird auch den noch bestehenden, jedoch verfeinerten Körperkontakt zwischen Mann und Frau, das Ineinander-Ruhen, allmählich lassen und mit seinem Partner das hohe Geistige anstreben: die Liebekommunikation mit dem Göttlichen im Nächsten, die absolutes Vertrauen, gegenseitiges Verständnis und gegenseitige Sicherheit bedeutet. In der weiteren Entfaltung des geistigen Bewußtseins führt dies zur selbstlosen göttlichen Liebekommunikation mit dem Dual – mit dem Geistwesen, das seinem geistigen Wesen wesensnah ist und mit dem er in Gott geeint bleibt – ewiglich.

Das Dual im reinen Sein ist das andere Prinzip, entweder das geistige männliche oder weibliche Prinzip. Im reinen Sein werden beide das Positiv und das Negativ genannt. Beide Prinzipien, sowohl das männliche als auch das weibliche, sind geschlechtslos, weil sie nicht über den Körper zeugen, sondern durch den Geist Gottes empfangen. Hat die Seele im Menschen die Kommunikation mit ihrem Du, also dem Dual, dann ist zugleich die Kommunikation mit Gott-Vater, dem Vater-Muttergott, aufgenommen.

Gabriele:

Dies wird nur dann der Fall sein, wenn wir durch konsequente Ausrichtung auf den Geist des Lebens, durch gewissenhaftes Beschreiten der Stufen des Inneren Weges und durch ein Leben in der Erfüllung der göttlichen Gesetze unser geistiges Bewußtsein gesetzmäßig erschlossen haben.

Wir sollten auch nicht die Dualverbindung herbeisehnen. Die Verbindung mit dem geistigen Dual geschieht auf gleiche Weise wie die Verbindung mit dem Christus-Gottesgeist. Auch hier heißt es, die Gesetze Gottes zu erfüllen. Ist die Seele dann erfüllt von dem Gesetz Inneren Lebens, so ergibt es sich, daß sie Kontakt zur ewigen Heimat und somit auch zu ihrem Geistdual aufnimmt.

Wer jedoch das Christusbewußtsein noch nicht erschlossen hat, wer noch nicht in Kommunikation mit dem Inneren Führer, dem Ratgeber und Helfer, steht, der kann auch keine Kommunikation zum Geistdual herstellen; denn das Geistdual ist im ewigen Sein, im Himmel. Nur über den Christus-Gottesgeist findet die Seele zu ihrem Geistdual. Das heißt wiederum: Die Seele muß einen hohen Reinheitsgrad erschlossen haben, um mit ihrem Dualprinzip in Kommunikation zu treten.

Bruder Emanuel:

So mancher, der über diese hohe Ethik und Moral liest, wird sagen, bis dorthin sei noch ein weiter Weg. Nicht die Lauheit und viele Worte über den Inneren Weg führen zum Ziel, sondern die ernsthafte Verwirklichung der Gesetze Gottes. Einzig diese ist die Antriebskraft für den Inneren Weg und auf dem Inneren Weg. Durch die schrittweise Erfüllung des Inneren Lebens erwachen Seele und Mensch zur Geistigkeit. Das bedeutet, daß die Sehnsucht der Seele nach dem reinen Sein wächst und der Mensch, die Hülle der Seele, davon angeregt und motiviert wird. Die Sehnsucht nach Gott, die also durch Verwirklichung wächst, räumt so manche Hindernisse auf dem Inneren Weg hinweg, und wer ihn geradlinig wandert, muß deshalb auch so manches nicht erdulden oder erleiden.

Das Leben im Sein erschließt uns Möglichkeiten über Möglichkeiten

Bruder Emanuel:

Wer sich wahrlich auf der Stufe des Ernstes bewegt, der hat die Durststrecke des Inneren Weges mit Christus gemeistert. Ihm sind aus dem ewigen Gesetz Möglichkeiten über Möglichkeiten offen. Das göttliche Gesetz ist die Fülle – und wer als Tropfen in den Ozean, Gott, eintaucht, der die Fülle ist, wird nichts entbehren und daher dem auch leicht entsagen, was sich anschleicht und anbietet. Es sind die Lockungen dieser Welt. Ist der Tropfen in den Ozean, Gott, zurückgekehrt, dann lebt und bewegt er sich in der inneren Freiheit, hat den inneren Frieden und die göttliche Harmonie erlangt, die ihn glücklich machen. In seinem Berufsleben wird er den gesetzmäßigen Erfolg haben, weil der Tropfen in Gott weitgehend gesetzmäßig lebt.

Gabriele:

Wer gewissenhaft den Inneren Weg geht, der dürstet nach dem Licht und wird so lange nach dem Licht dürsten, bis er als Tropfen in den Ozean, also in das Licht, eingetaucht ist, das sein Zuhause ist.
Bruder Emanuel spricht von Möglichkeiten über Möglichkeiten, die uns das ewige Gesetz erschließt. Er deutet damit an, daß uns dann nichts verborgen bleibt. Mit den Augen des Gesetzes können wir in das Unge-

setzmäßige blicken und so das Ungesetzmäßige gesetzmäßig lösen. In jeder Situation können wir den Geist Christi in uns befragen – der uns eine unpersönliche Antwort gibt; denn wir sind Kinder der Freiheit. Christus wird uns niemals gängeln und sagen: Tue dieses, tue jenes. Er sagt es unpersönlich, so daß wir abwägen können, ob wir es so halten wollen, wie es gesetzmäßig ist, oder nicht.

Weitere Möglichkeiten sind auch im Berufsleben gegeben. Gerade dort begegnen uns viele Menschen, die viele Schwierigkeiten und Probleme haben, betrieblicher oder persönlicher Art. Jede Art von Schwierigkeiten und Problemen kann ein Mensch, der die vierte Stufe weitgehend erschlossen hat, geistig erfassen, nach den Gesetzen des Lebens erwägen und bereinigen. Er empfängt also aus der Fülle, er gibt aus der Fülle und kann durch die Erfüllung des ewigen Gesetzes alles, was auf ihn zukommt, nach dem Gesetz Gottes bereinigen. Und so wird er auch den gesetzmäßigen Erfolg haben, einerlei, worüber er spricht und was er vollbringt.

Vergegenwärtigen wir uns noch einmal: Wer als gereinigter Tropfen in den Ozean Gott eintaucht, der schaut hinter die Masken des menschlichen Ichs und durchschaut die Verschleierungstaktik jener Menschen, die äußere Dinge abdecken, damit sie selbst und ihr wahres Denken, Wollen und Tun nicht erkannt werden.

Menschen, deren Seelen zu Tropfen des Ozeans Gott geworden sind, schauen in allen Dingen die Gesetzmäßigkeiten Gottes und erkennen auch das Ungesetzmäßige. Sie schauen auch in jeder Handlungsweise ihrer Nächsten das Gesetzmäßige und sehen ebenfalls das Ungesetzmäßige. Menschen, deren Seelen als Tropfen im Ozean Gott leben, schauen in der Gestik und Mimik ihrer Mitmenschen das Bewußtsein. In jeglicher Haltung erkennen sie das Menschliche und das Geistige, erkennen die Verschleierung oder die Offenheit. In jeder Redewendung des einzelnen erkennen sie, ob er damit etwas verdeckt oder ob er geradlinig ist.

In den Tönen der Worte liegt das Bewußtsein der Menschen. Der Tropfen im Ozean Gott hört heraus, was wahr und unwahr ist. In jeder Handlung schaut der Tropfen das Gesetz und weiß das Ungesetzmäßige zu nennen. Jede äußere Haltung zeigt ihm auf, wer oder was sein Nächster ist. Allein schon die Haltung des Hauptes zeigt dem Tropfen, der im Ozean Gott lebt, das Positve und das Negative am und im Menschen.

Farbe, Form, Klang und Duft in mannigfaltigen Nuancen strahlt jeder Mensch aus. Der Tropfen im Ozean Gott kennt die vielen Facetten des menschlichen Ichs – schaut aber auch die Verwirklichung, die geistigen Facetten, die der Mensch wieder freigelegt hat.

Von dem, was der Weise bei seinem Nächsten schaut und erkennt, macht er selten Gebrauch. Nur dann, wenn es z.B. für sein Mitgeschwister gefährlich wird oder wenn es gilt, Unheil abzuwenden, wird er es unpersönlich ansprechen. Auch wenn sein Nächster ihn darum bittet, wird er es sehr, sehr vorsichtig zur Sprache bringen. Von sich aus spricht er es nicht an.

Der Tropfen im Ozean Gott wägt alles wohlweislich ab in allem, was auf ihn zukommt. Er fragt sich: Muß etwas gesagt werden? Ist es wesentlich? Könnte es gefährlich werden? Darf eventuell nichts gesagt werden, weil der Nächste es nicht zu begreifen vermag oder weil es noch keine Gefahren birgt? Entsprechend seiner Einsicht schweigt oder spricht oder handelt der im Geiste Gereifte. Er beachtet es auch, wenn z.B. sein Nächster von ihm keine Gesetzmäßigkeiten des Lebens hören möchte oder wenn er auf jede Ansprache hin mißgestimmt ist. Dann wird der Tropfen im Ozean Gott schweigen. Der Tropfen im Ozean Gott, der geistige Mensch, der die Stufe vier weitgehend erfüllt hat, ruht in sich und handelt entschieden nach seiner klaren Erkenntnis.

Leben im Sein ist Leben aus der Fülle und in der Fülle. Jeder Mensch trägt in sich die Fülle, das Absolute Gesetz. Hat der Mensch das Innere Leben erschlossen, dann macht diese innere Fülle ihn im Inneren reich. Ein solcher Mensch strebt nicht nach Macht, Ansehen und äußerem Reichtum. Ein solcher Mensch wird aber auch nicht in der Armut leben. Er wird der Mensch des Mittelstandes oder der Mensch des gehobenen Mittelstandes sein. Er wird jedoch nicht Güter und Geld horten, sondern es ist der geistige Mensch des Gemeinwohls.

Unser Geistiger Lehrer sprach:

Das Leben im Sein ist kein ernstes, niederdrückendes oder gar bedrohliches Leben. In Gott zu leben heißt, im Gleichklang mit allen Kräften der Unendlichkeit zu leben, weil die Unendlichkeit der Ozean, Gott, ist und somit die Fülle. Wer aus Gott alles besitzt, dem gehört auch alles; er braucht sich nicht zu ängstigen, daß es ihm morgen weggenommen wird.

Jedes Geistwesen lebt in der Fülle, denn jedes hat die Unendlichkeit als Essenz in sich. Auch der geistige Leib ist das Gesetz selbst, die Unendlichkeit. Deshalb gibt es im ewigen Sein keine Sorgen und Nöte, weder Leid noch Streß oder Ängste. Die Geistwesen sind das Sein und leben im Sein und in der Fülle. Jedes einzelne hat das, was das andere auch hat; sie brauchen nichts – sie haben es. Nur der Mensch braucht so lange dieses und jenes, will Besitz oder Aufwertung, bis er im Göttlichen ist. Dann braucht er nicht mehr – er besitzt.

Der Tropfen im Ozean Gott,
der leuchtende Kristall,
die geläuterte Seele im Menschen:
der Himmelsschlüssel

Gabriele:

Liebe Schwester, lieber Bruder, erst jetzt erfassen wir ganz die Worte unseres geistigen Bruders Emanuel, der sowohl auf der Evolutionsstufe der Ordnung als auch auf der Stufe des Willens und auf der Stufe der Weisheit von der Marionette Mensch sprach. Erst jetzt erfassen wir, was es bedeutet, unfrei zu sein, also eine Marionette der menschlichen Gefühle, Leidenschaften, Sehnsüchte und Wünsche. Der Mensch in der Trunkenheit seines Ichs ist ein Spielball der gegensätzlichen Kräfte. Mit dem menschlichen, aufgeblasenen Ich treiben diese ihr Spiel, so daß der Mensch, der durch das Für und Wider, durch den Energieentzug, geschwächt wird, sich für nichts entscheiden kann, weder für die Welt noch für den Geist. Das ist das Getriebensein, das heißt, der Mensch läßt sich treiben.

Marionetten sind Puppen, die über Fäden gesteuert werden. So ergeht es all jenen Menschen, die einmal ja, dann wieder nein zum Göttlichen sagen, die also nicht wissen, was sie wollen. Sie sind die Getriebenen, weil sie die Gebundenen sind.

Der Mensch, der bewußt gegen die Gesetze Gottes handelt – einmal für und einmal wider – bindet sich damit an die Dämonen, denn er dient bewußt dem Dä-

monischen. Er wird auch als Seele in den Stätten der Reinigung in jenem Bereich leben, der dem Dämonenstaat vorbehalten ist. Dort wird er so lange dem Dämon Tribut leisten müssen, bis er sich mit der Kraft Christi befreit oder bis auch die Dämonen ihr ungesetzmäßiges Handeln erkennen und der Dämonenstaat zerfällt.

Durch das Eintauchen in den Ozean Gott erfahren wir das wunderbare Gefühl der Leichtigkeit der Seele. Sie ist weitgehend frei von der irdischen Last, die den Menschen niederdrückte und im Tal der Enge hielt, wo das Bewußtsein nur das sah, was sich die Seele an Ursachen auferlegt hatte. Wahrlich, Seele und Mensch atmen tief ein und aus. Sie fühlen den Geist, der sie wie auf Adlers Schwingen emporgetragen hat zu den Höhen Inneren Lebens, zu der inneren Freiheit, in der das Leben blüht.

Die lichte, weitgehend reine Seele trägt in sich eine unerschütterliche und unbegrenzte Sehnsucht nach der absoluten Vereinigung mit Gott, ihrem Vater. Sie, der weitgehend reine Kristall Inneren Lebens, möchte zu und mit ihrem ewigen Vater sprechen, in Dem sie lebt von Ewigkeit zu Ewigkeit.

Die Sehnsucht der Seele nach der Vereinigung mit Gott, ihrem Vater, drückt sich im Menschen dadurch aus, daß er beständig darauf bedacht ist, nichts Ungesetzmäßiges zu denken, zu sprechen und zu tun. Er spürt dann das Weh seiner Seele, wenn er nur Ansätze zeigt, das menschliche Ich aufzubauen oder mit dem noch vorhandenen menschlichen Ich zu jonglieren.

Die Gebete eines Menschen, dessen Seele sich nach der Vereinigung mit Gott, ihrem Vater, sehnt, sind die Gebete der Süße, Gebete der Anbetung des herrlichen Geistes, der immer tiefer in die Seele und in den Menschen einstrahlt, der immer mehr dem Oberbewußtsein des Menschen näherkommt. Es sind Gebete des Frohlockens, Gebete der hohen Liebe, welche die Sehnsucht nach der Vereinigung mit Gott ausdrücken. Es ist das liebende Herz, das den Ewigen anspricht.

Der leuchtende Kristall – die geläuterte Seele –, der Tropfen im Ozean Gott, der durchdrungen ist von den Sphärenklängen des Seins, betet im Sein, indem er das heiligste, ewige Gesetz erfüllt von Ewigkeit zu Ewigkeit.

Das Gebet des Tropfens im Ozean, Gott, ist die Erfüllung des ewigen Gesetzes. Die Geistwesen beten nicht wie die Menschen. Ihr Gebet ist ihr Leben; denn sie sind Reinheit aus der ewigen Reinheit, Gott; sie sind Gleichheit aus dem ewigen Gesetz der Gleichheit. Sie bitten nicht – sie haben. Sie danken nicht – sie besitzen. Sie tun, was Gottes Wille ist. Das ist ihr Gebet, das Gebet des Seins. Sie ehren, rühmen, preisen und loben Gott, indem sie alles tun, was Gott ist – nämlich das Gesetz.

Das Innere Leben bedeutet für den Tropfen im Ozean Gott die beständige Kommunikation mit dem ewigen Gesetz. Der reine Kristall ist also der Tropfen im Ozean Gott, der das Innere Leben, das ewige Gesetz, in den vielen Facetten inneren Seins widerspiegelt. In allem, was ein solcher Mensch tut, in seinen

Gefühlen, Empfindungen, Gedanken, Worten und Handlungen, spiegelt er das Gesetz des Lebens wider, da er beständig in Kommunikation mit der ewigen Quelle, dem Inneren Leben, steht.

Die weitgehend reine Seele im Menschen ist der Himmelsschlüssel; sie ist für ihren Nächsten da und kann durch die Liebe zum Ewigen noch vielen die Pforten zum Sein erschließen durch ihr vorbildhaftes Leben und ihre selbstlosen Werke der Liebe. Weitgehend geeint mit dem Ewigen, spüren Seele und Mensch die gütige Hand des liebenden ewigen Vaters, der sie führt und leitet und sie zur rechten Zeit dort sein läßt, wo Hilfe und selbstlose Worte gebraucht werden.
Der weitgehend reine Tropfen, die Seele im Menschen, braucht nicht mehr nach den Dingen des Lebens zu fragen – sie ist weitgehend das Leben. Der Mensch braucht nicht mehr seine Gedanken zu analysieren und aufzuschlüsseln – er ist der Gedanke Gottes und schaut im Gedanken Gottes die allumfassende Wahrheit, Gott. Seele und Mensch sind nicht mehr die Traurigkeit, sondern die Ernsthaftigkeit, die den Durchblick in allen Dingen und Geschehnissen und Ereignissen hat. Das Wesen, das Sein im Sein, ist souverän und wirkt souverän – durch die innere Stärke, die der Fels Christus in Gott ist.
Der Gedanke Gottes ist das ewige Gesetz. Ist die Seele eines Menschen – also der Tropfen – weitgehend rein und somit im Ozean, im Gesetz Gottes, dann ist der Mensch der Gedanke Gottes. Das bedeutet, er ist zum Gesetz geworden, und seine Gedanken sind selbst-

los, also göttlich: das Gesetz. Gleichzeitig schaut er auch in seinen Gedanken die vielen Perspektiven Inneren Lebens. Er erfaßt sie in einem Augenblick und weiß, was ein Gedanke alles an Gesetz und Leben, an Gesetzmäßigkeiten, beinhaltet.

Die mit Christus erlangte Souveränität bewirkt die innere Stille.

Haben wir unser geistiges Bewußtsein erschlossen, dann ruhen wir in uns. Es ist in unserem Ober- und Unterbewußtsein weitgehend still geworden, weil die Seele weitgehend gereinigt ist. Dann strahlt das göttliche Bewußtsein zu unserem Oberbewußtsein, das in Kommunikation mit dem göttlichen Bewußtsein steht. Wir sind die Stille selbst und hören in die unendliche Stille, Gott, hinein, indem wir schweigend nach innen gewandt sind. Schweigen wir, weil unser Ich überwunden ist, dann empfangen wir das Ich Bin.

Die Stufe des göttlichen Ernstes ist die Bewußtseinsstufe des Empfangens des Göttlichen.

Die Ernsthaftigkeit beinhaltet auch die Gewissenhaftigkeit. Wer gewissenhaft lebt, der jongliert nicht mehr, um mit dem noch vorhandenen Ich etwas zu erreichen. Er trickst den Nächsten nicht mehr aus. Er schöpft aus der Quelle des Lebens und empfängt aus der Quelle des Lebens. Die Stufe des Ernstes, die Stufe der Gewissenhaftigkeit, ist also die Stufe des ersten tiefen Kontakts mit der Quelle Inneren Lebens.

Die innere Souveränität ist das verwirklichte geistige Wissen, das im Menschen zur Wahrheit und somit zur Realität geworden ist. Weil der Mensch des Gei-

stes, der Tropfen im Ozean, Gott, alles durchschaut, bleibt er geistig souverän und ist in vielen Dingen zurückhaltend, weil er genau erfaßt und zu entscheiden vermag, was gesagt werden darf und wo er schweigen muß.

Die geistige Souveränität birgt auch das Verständnis und Verstehen, das Wohlwollen und die Toleranz. Mit diesen Kräften wägt der Souveräne ständig ab, was nach den Gesetzen des Lebens gesagt oder getan werden darf oder was nicht gesagt und nicht getan werden darf – z.B. weil es für den einzelnen, dem geholfen werden sollte, noch zu früh ist.

Immer wieder sind Ermahnungen und Hinweise notwendig, damit all das, was in die Erinnerungswelt eingetaucht ist, nicht wieder aufgefrischt wird. Bedenken wir, daß wir immer noch Menschen und somit den Gefahren der Lockungen dieser Welt ausgesetzt sind. Durch die innere Größe, die wir durch Verwirklichung der ewigen Gesetze erlangt haben, stehen wir über dem Weltenbrand des Ichs, auch über eventuellen Resten unserer Menschlichkeit. Wir begeben uns nicht in Gefahr, über solche Ichheiten – einerlei, woher sie kommen – lange nachzudenken. Wir wissen: Gedanken sind Kräfte und können Überwundenes wieder aktivieren, dann, wenn wir darüber nachsinnen und nachgrübeln. Wir bereinigen also sofort mit Christus, wenn sich solches und ähnliches anzeigt.

Als Menschen sind wir eingebunden in die Rhythmen der Tage und auch in das Prinzip Tag und Nacht;

wir haben ein Nervensystem und sind dadurch auch den Schwankungen der Witterungseinflüsse ausgesetzt. Es ist möglich, daß ein Mensch plötzlich von einer Kreislaufschwankung erfaßt wird, gleich, aus welchen Gründen. Infolge dieser Kreislaufschwankung fällt unter Umständen der Blutdruck. Das bedeutet, daß der Mensch eventuell unsagbar müde wird und in einen niederen Schwingungsbereich gerät, so daß Aspekte der Erinnerungswelt erneut angestoßen und bewegt werden. In der Erinnerung befinden sich bildhafte Eindrücke, die der Mensch schon bereinigt, also verwirklicht und abgelegt hat.

Hat der Mensch nicht die Kraft, diese Gedanken aus der Erinnerung sogleich Christus zu übergeben, auf daß sie wieder in die Erinnerungswelt zurückkehren, bewegt und nährt er sie stundenlang, so läßt das die Bilder wieder neu aufleben. Restbestände von ehemaligen Leidenschaften, ehemaligen Sehnsüchten und dergleichen können so wieder zu Ursachen, zu Belastungen werden.

Bewußt leben.
Wie denken und sprechen wir?
Alles will uns etwas sagen

Gabriele:

Wir wissen, daß unser irdisches Leben kostbar ist, daß die Tage unseres irdischen Daseins Freude oder Leid sein können, denn sie bringen uns das, was wir in die Gestirne und in unsere Seele eingegeben haben. Um uns der Tagesenergie bewußt zu werden, müssen wir auch bewußt leben. Wir müssen konzentriert auf die jeweilige Situation des Tages bezogen sein, auf daß wir spüren, was sie uns mitteilen möchte. Wir werden also die Tage und Stunden nutzen und nicht mehr über Gespräche lange nachsinnen oder über eine Angelegenheit oder Sache nachdenken.

Bewußt leben heißt auch, unseren Nächsten in uns zu erspüren, um ihm, sofern es gewünscht ist, selbstlos zu dienen. In allem werden wir dann den Inneren Ratgeber und Helfer, den Geist des Lebens, erkennen, der sich aus allem mitteilt, der in allem die Sprache, das Gesetz, ist, weil Er alles in allem ist.

Der hohe Reinheitsgrad der Seele auf der Stufe des Ernstes schließt auch aus, über Zweite oder Dritte Negatives oder Unwesentliches zu denken und zu sprechen.

Die Größe unseres wahren Seins gebietet uns auch, nicht mehr über das Ich unseres Nächsten nachzusin-

nen. Wir werden selbstlos helfen, wenn Hilfe erwünscht ist; so diese nicht möglich ist, werden wir für unseren Nächsten beten, der sich eventuell im Netzwerk des menschlichen Ichs verstrickt hat.

In jeder Situation werden wir uns zurücknehmen und den Geist der Wahrheit in uns und in allem, auch im Gespräch, wirken lassen. Dadurch bauen wir die Lebensenergien immer weiter auf und werden so zu einem immer größeren Potential positiver Energien.

Sind alle unsere Gespräche – alles, was wir tun – selbstlos, dann spricht und wirkt der Geist des Lebens durch uns. Die Worte und Taten der Liebe haben wiederum ein Echo der Liebe. Sie schwingen nicht menschlich nach, weil sie das Sein sind. Hingegen schwingen die Worte und Werke des persönlichen Ichs, die ebenfalls ihr Echo haben, in uns nach und bereiten nicht nur ein ungutes Gefühl oder führen zu langen Debatten, sondern sind auch zugleich Ursachen, die sofort oder in späterer Zeit zur Wirkung drängen.

Haben wir selbstlos gesprochen, dann denken wir nicht über die Gespräche nach; sie beschäftigen uns nicht mehr, weder in Gefühlen, noch in Gedanken; sie schwingen also nicht nach.

Ichbezogenes schwingt nach; wir denken und sinnen über das, was unsere Entsprechungen angeregt hat, immer wieder nach und legen uns in verschiedenen Gedankenkombinationen zurecht, was dies oder jenes wohl für uns bringen könnte, was dies oder jenes wohl bedeuten könnte, was dieser oder jener wohl gemeint haben könnte.

Alles, was ungöttlich ist, hat in Seele und Mensch eine gegensätzliche Resonanz. Wir spüren es selbst, wenn wir unsere Bewegungen, ja unseren gesamten Körperrhythmus beobachten und auch unsere Gefühls- und Gedankenwelt kontrollieren. Gesetzmäßige Gespräche und Handlungen bewirken in uns Frieden und Stille des Gemüts; ungesetzmäßige Worte und Handlungen bewirken einen Energieabfall, ein ungutes Gefühl und dementsprechende Gedanken.

Alles will uns etwas sagen!

Wir spüren also in unserem Inneren, ob ein Gespräch, eine Sache oder Angelegenheit gesetzmäßig ablief oder nicht. Der Innere Helfer und Ratgeber, unser erschlossenes geistiges Bewußtsein, die ewige Intelligenz in uns, sagt uns ganz deutlich, ob das Geschehen menschlich, also ichbezogen war oder ob es aus dem Göttlichen kam.

Werden auf der vierten Stufe Seele und Mensch von Christus direkt geführt, dann vernimmt der Mensch die Stimme des Christus Gottes. Er vernimmt gleichsam in sich selbst den mahnenden Geist, der ihm aufzeigt, was noch menschlich und was göttlich ist. Das gilt für den Menschen persönlich, nicht jedoch für Zweite und Dritte. Geht es um Zweite oder Dritte, ist also die Fragestellung, die Schwierigkeit, das Problem, die Angelegenheit auf andere Menschen bezogen, so vernimmt der Mensch nicht die unmittelbare Stimme Christus, sondern dann schöpft er aus dem in seinem Inneren erschlossenen Quell, aus dem Gesetz, und weiß – in seinem geistigen Bewußtsein – ganz deutlich, was menschlich oder göttlich ist.

Unsere Gefühle bringen die Antwort ins Oberbewußtsein. Wir sind also nicht mehr die Wiederkäuer im Kausalgesetz, die stunden- und tagelang über Ereignisse, Situationen und Zurückliegendes diskutieren. Wir wissen: Wer diskutiert, will sich nur selbst bestätigen; er ist unsicher, weil er seinen eigenen Darlegungen und Aussagen mißtraut. Was gesprochen, jedoch nicht vom Geist der Wahrheit durchglüht ist, regt zu Diskussionen an. Der erfüllte Mensch bleibt in der konsequenten geistigen Haltung. Er wird sich durch Gespräche und Handlungen nicht wieder in das Gesetz von Saat und Ernte herabziehen lassen – auch dann nicht, wenn seine Mitmenschen ihn scheel anblicken, über ihn gegensätzlich sprechen oder ihn gar der Lieblosigkeit bezichtigen. Er bleibt im ewigen Gesetz und somit Gott treu.

Der unsichere Mensch, der beständig auf Anerkennung und Zuspruch bedacht ist, der mit seinen Nächsten diskutieren möchte, um sich selbst darzustellen, wird einen geistigen Menschen als arrogant und kühl bezeichnen, weil dieser sich nicht auf Diskussionen einläßt und dem menschlichen Ich keine Energie gibt.
So werden wir immer wieder die Erfahrung machen, daß unsere Mitmenschen diejenigen Menschen als lieblos und intolerant bezeichnen, die ernsthaft, geradlinig und konsequent im ewigen Gesetz bleiben. Da wir durch die Verwirklichung des ewigen Gesetzes an uns selbst Erfahrungen gemacht haben, schauen und hören wir aus den Darlegungen und eventuellen Vorwürfen heraus, welches die Unterkommunikationen unserer Mit-

menschen sind. Als Beispiel die Schlagworte: „Du hast zu wenig Liebe" oder: „Du bist lieblos". Uns sagt schon die Bezeichnung „Schlagworte": Wem es selbst an Liebe mangelt, der schlägt mit solchen Worten um sich.

Christus deutet niemals mit dem Zeigefinger auf eines Seiner Kinder, indem Er zu ihm persönlich sagt: „Du bist lieblos". Durch eine solche Aussage würde Er die Unvollkommenheit in Seinem Kind bejahen und der Unvollkommenheit auch Kraft verleihen. Christus spricht die Mängel Seiner Kinder allgemein an, also unpersönlich, nicht auf die jeweilige Person bezogen. Er spricht allgemein, wenn Er aus dem ewigen Gesetz das Ungesetzmäßige anspricht.

Wie denken und sprechen wir?

Geben wir uns auf diese Frage eine ehrliche Antwort, dann werden wir auch unseren Entwicklungsstand erkennen! Wer bei sich selbst den Balken im Auge bearbeitet, der wird für seine Nächsten Verständnis erlangen und zugleich die innere Klar- und Weitsicht. Wer jedoch nur auf den Splitter im Auge des Bruders blickt, der wird seinen Nächsten lieblos nennen. Mit einer solchen menschlichen Feststellung hat der Betreffende schon gegen das ewige Gesetz verstoßen, das unpersönlich ist.

Nach dem göttlichen Gesetz soll niemand einen Menschen lieblos nennen. Vertritt ein Mensch jedoch eine Sache, eine Institution oder hat er ein Amt inne, und handelt die Institution oder der Amtsträger lieblos, dann kann man ihm als dem Garanten dieser Institu-

tion – der Sache oder des Amtes wegen – die Lieblosigkeit aufzeigen, auch in der Öffentlichkeit; denn hier gilt das Gesetz: Wer schweigt, macht sich schuldig. – Es ist dann nicht der Garant selbst, seine Person, gemeint, sondern die Institution, die er als Repräsentant vertritt.

Im Verhältnis zu unseren Mitmenschen gilt nach wie vor, was Jesus von Nazareth vor 2000 Jahren in Seiner Bergpredigt sprach: „Ihr habt gehört, daß zu den Alten gesagt ist (2. Mose 20, 13; 21, 12): ´Du sollst nicht töten; wer aber tötet, der soll des Gerichts schuldig sein.´ Ich aber sage euch: Wer mit seinem Bruder zürnt, der ist des Gerichts schuldig; wer aber zu seinem Bruder sagt: Du Nichtsnutz!, der ist des Hohen Rats schuldig; wer aber sagt: Du gottloser Narr!, der ist des höllischen Feuers schuldig." (Mt 5, 21-22)

*Der in der Erfüllung lebende Mensch
besitzt das Auge der Wahrheit.
Die Wahrheit ist die Quelle
der göttlichen Inspiration.
Das Gesetz Gottes läßt jedem Menschen die
Freiheit zur freien Entscheidung*

Bruder Emanuel sprach zu uns:

Weise ist der Mensch, der mit der Kraft Christi verwirklicht hat und dadurch die ewigen Gesetze erfüllt. Sein Bewußtsein ist weitgehend frei von großen Belastungen. Es ist zum geschliffenen Edelstein geworden und reflektiert die vielen Facetten der Unendlichkeit. Es ist der „Karfunkel", der Stein des Weisen. Der Weise ist der in der Erfüllung lebende Mensch. Er ist in der Einheit mit allen Menschen, mit allem Sein.

Ein Mensch, der vom Geiste der Wahrheit erfüllt ist, ist auch gerecht. Er spricht aus der Wahrheit und schaut in allem, was auf ihn zukommt, die Wahrheit. Seine Mitmenschen können ihn nicht täuschen, denn er besitzt das Auge der Wahrheit. Er schaut das Schillernde des menschlichen Ichs und weiß, was dahinter verborgen ist. Er schaut die Masken seiner Mitmenschen und weiß, was in Wirklichkeit zugrunde liegt. Weil der wahre Weise sich mit Christus durch das Gesetz von Saat und Ernte hindurchgearbeitet hat, hat er auch viel durchlebt und durchlitten. Er hat sein Ich für das Größte hingegeben: für Gott – und hat von Gott das Größte erlangt: wieder das Sein im Sein zu sein.

Wer in der Wahrheit lebt, der hört die Stimme der Wahrheit. Er kann ihre Existenz nicht beweisen, doch es bedarf auch keines Beweises, denn: Wer i s t , will nichts mehr beweisen – er ist, weil er in Gott ist.

Gabriele:

Unser Geistiger Lehrer, Bruder Emanuel, spricht von der „Stimme der Wahrheit". Was ist Wahrheit? Wahrheit ist das allgegenwärtige Gesetz, Gott, das durch alles spricht, weil es in allem ist. Unermüdlich teilt sich das ewige Gesetz mit; die ganze Unendlichkeit ist die Offenbarung Gottes. Wer sich in diesen allgegenwärtigen Offenbarungsstrom des Göttlichen einzuschalten vermag, der weiß um die Wahrheit, weil er die Wahrheit ist – denn er lebt als Tropfen im Ozean der Wahrheit.

Die Wahrheit ist auch die Quelle der göttlichen Inspiration. Sie wird dem zuteil, der sich wahrhaftig auf der vierten Stufe, auf der Stufe des Ernstes, befindet.

Die Inspiration auf der vierten Stufe ist der Sich-Offenbarende, der ewige Geist, der Seine Offenbarung in das Oberbewußtsein des Menschen sendet. Ausschlaggebend ist, daß die Seele des Menschen, der die Offenbarung vernimmt, weitgehend eins mit dem Offenbarer, dem Ich Bin, ist; sonst entstehen Irrtümer. Der Weise, der am Ende der vierten Stufe angelangt ist, kann Offenbarung vom Offenbarer, dem Ich Bin, empfangen; es ist ihm aber auch möglich, aus der ewig sich offenbarenden Quelle zu schöpfen. Dann vernimmt er es nicht in seinem Inneren, sondern er weiß es.

Wir müssen nun nicht glauben, daß es erstens den Offenbarer gibt, der inspiriert, und zweitens die sich ewig offenbarende Quelle. Es ist e i n Strom und e i n e Kraft.

Wendet sich das Kind, das sich auf der vierten Stufe befindet, dem Vater-Muttergott zu und bittet um Inspiration, dann wird es entsprechend seinem Bewußtsein das göttliche Ich Bin als Offenbarung empfangen. Ist das Kind im Reifeprozeß hin zur Sohn- und Tochterschaft, dann ist der Sohn, die Tochter weitgehend zum Gesetz Gottes geworden. Dann spricht der Sohn, die Tochter nicht in jeder Situation den ewig Sich-Offenbarenden an, um Offenbarung zu empfangen, sondern das reife Kind – also der werdende Sohn und die werdende Tochter – taucht ein in die Offenbarungsquelle und schöpft unmittelbar aus dem geistigen Bewußtsein, aus Gott. Dann wird der Mensch nicht hören – er empfängt und weiß. Er i s t das Wort des Gesetzes.

Dennoch pflegt auch der werdende Sohn, die werdende Tochter die Kommunikation zum Vater, der personifizierten Gottheit, der Manifestation. Die Liebe des Kindes wendet sich immer wieder dem Bewußtsein des Vaters zu, nicht nur der schöpfenden Kraft. Die Kommunikation zwischen Vater und Kind ist wohl unpersönlich, doch vom Vater her auf das Bewußtsein des Kindes hin gesprochen.

Unser Geistiger Lehrer,
Bruder Emanuel:

Macht euch folgendes bewußt: Die ewige Wahrheit säuselt nicht; die Wahrheit ist zugleich die Gerechtigkeit Gottes, sie hat es nicht nötig, „klein beizugeben", denn sie ist. „Wer aus der Wahrheit ist, der hört Meine Stimme", so spricht der Herr! Die Stimme Gottes ist klar, deutlich und unumwunden. Sie kennt keine Kompromisse, denn sie ist absolut. Die ewige Wahrheit ist die unendliche Liebe, Gott. Es ist das konsequente, unerschütterliche Ich Bin. Die Liebe, Gott, ist auch im Gesetz von Saat und Ernte wirksam. Sie bewirkt in dem Menschen, der Gott entgegenreift, Verständnis, Wohlwollen und Toleranz.

Die ewige Wahrheit, das Gesetz der Liebe, hat sich ihren Kindern geschenkt. Jedes göttliche Wesen besitzt die ganze Unendlichkeit als Kraft und Licht, als Weg und Sein. In diesem Geschenk, dem Erbe der Unendlichkeit, ist auch der freie Wille enthalten. Somit hat auch jeder Mensch den freien Willen, Gottes Fülle anzunehmen – oder in der Leere seines Ichs zu leben. Als Konsequenz des freien Willens trägt jeder die Folgen seines Denkens und Handelns selbst. Wer selbstlose Liebe sät, wird auch selbstlose Liebe ernten. Wer seinem Nächsten den freien Willen läßt, wird selbst frei bleiben.
Wer Güte und Treue sät, wird wiederum Güte und Treue ernten.

Wer Haß sät, wird Haß ernten.

Wer Lüge sät, wird einst selbst belogen werden.

Wer seinen Mitmenschen Leid zufügt, wird selbst Leid erfahren.

Wer seine Sünden jedoch rechtzeitig bereut, dem wird die Gnade Gottes zuteil werden. Er wird nicht erdulden müssen, was er gesät hat.

Wer jedoch unnachgiebig bleibt und weiterhin Ursachen sät und dadurch weiter das Feuer schürt, der wird auch das Feuer, das Schicksal, ernten. Dann heißt es: Auge um Auge, Zahn um Zahn.

Das Gesetz Gottes läßt jedem Menschen das, was ihm gegeben ist: die Freiheit zur freien Entscheidung über sein gegenwärtiges irdisches Leben, über seine kommenden Erdenleben oder über den Reinigungsprozeß der Seele im Seelenreich.

Die Hilfe Gottes ist deshalb nie Zwang. Gott schaut Sein Kind vollkommen, und Seine Strahlung für Sein Kind ist und bleibt die Liebestrahlung des Vaters. Im Kausalgesetz wirkt sie sich als Wohlwollen, Verständnis, Toleranz und Hilfe aus.

Gott hebt Sein williges, Ihm zustrebendes Kind immer wieder auf, wenn es gefallen ist, und gibt ihm Kraft, den Weg zur geistigen Vollendung weiterzuschreiten.

Er gibt Seinem willigen Kind, das sich auf den unteren Stufen noch bemüht, seine Sünden tagtäglich zu bereinigen und Gleiches oder Ähnliches nicht mehr zu tun, zusätzlich Kraft, also Verwirklichungsenergie, so daß es im Kampf mit sich selbst gestärkt ist, um die höheren Stufen des Erfülltseins zu erreichen.

Gabriele:

Es heißt: Gott hebt Sein williges, Ihm zustrebendes Kind immer wieder auf. Das unwillige, das so bleiben will, wie es ist, wird Gott nicht aufheben und immer wieder auf den Inneren Weg stellen, denn jeder Mensch hat den freien Willen. Will der Mensch in der Sünde, fern von Gott, leben, so wird Gott dem Menschen keinen Zwang auferlegen. Durch Nichtannehmen und Nichtbefolgen der Gebote Gottes zeigt der Mensch, daß er sich nicht aufheben lassen möchte, weil er weiter in seinen Trugbildern des Ichmenschen leben will.

So hilft Gott immer wieder dem, der Tag für Tag bereinigt und erfüllt, der in der Verwirklichung steht und gerade dabei ist, einige Aspekte seines menschlichen Ichs abzulegen. Wer hinfällt, weil er zu lange über sein Menschliches nachdenkt – den hebt Gott dann auf, wenn der Mensch ernsthaft diesen Aspekt bereinigen möchte.

Die Wahrheit ist die ewige Größe Gottes und die unendliche Liebe. Sie gibt beständig. Sie ist das gebende, das liebende Prinzip. Doch Gott läßt Seiner nicht spotten. Wer trotz Kenntnis seiner Schuld nicht bereinigen möchte, der muß für eine geraume Zeit liegenbleiben, um die Schmerzen, die Leiden zu erdulden und selbst an sich zu erspüren, die er anderen auferlegt hat. Das gilt für jene, die den Weg der Reue, der Bitte um Vergebung, der Vergebung, der Wiedergutmachung nicht gehen wollen.

Auf der Stufe des Ernstes ist das Spielen und Tändeln mit den Menschlichkeiten beendet. Der Ernsthafte ist der für Gott, das Gesetz, Entschiedene.

Die gesetzmäßige Kommunikation des Alls.
Die unpersönliche Rede

Offenbarung von Bruder Emanuel:

In der ganzen Unendlichkeit steht alles miteinander in Kommunikation. Alles Sein, alle Geistwesen, Tiere, Pflanzen, Mineralien, Steine, steht miteinander in Kommunikation. Es ist ein großes All-Kommunikationsnetz, das den reinen Wesen die Möglichkeit gibt, sich uneingeschränkt im ganzen All zu bewegen und mit allem Sein in Kommunikation zu treten.

Wer diese gesetzmäßige Kommunikation des Alls aufbaut, dessen Seele wird auch mit den reinen Kräften des Alls in Kommunikation stehen. Ähnlich ist es im Gesetz von Saat und Ernte. Auch hier besteht ein Kommunikationsnetz, das Kausal-Kommunikationsnetz. Wer im Strudel des menschlichen Ichs lebt, der steht in Kommunikation mit den Kausalenergien, die ihn belasten und ihm das zuführen, was er selbst in das Kausal-Kommunikationsnetz eingegeben hat.

Gabriele:

Daß wir auf der Stufe des göttlichen Ernstes mit den reinen Kräften in Kommunikation stehen, zeigt sich darin, daß unser Gefühlswelt immer bei Gott ist, daß aus der Gefühlswelt nichts anderes mehr aufsteigt als die Liebe zu Gott, der Friede in Gott, das Glück bei

Gott, die Harmonie der Heimat, die Symphonie des Seins, die Einheit mit allen himmlischen Wesen und mit allen reinen Kräften in Seelen, Menschen, Tieren, Pflanzen, Steinen und Gestirnen. Ist es mit der Gefühlswelt so bestellt, dann kann der Mensch sagen, seine Seele ist weitgehend gereinigt und eins mit dem mächtigen All-Kommunikationsnetz.

Solange wir noch nicht die Vollendung erlangt haben, müssen wir wachsam bleiben, damit sich nichts Gegensätzliches einschleicht; denn dadurch würden wir wieder Ursachen schaffen und wieder dem Gesetz von Saat und Ernte unterliegen. Dazu hilft uns auch das Buch des göttlich Erfüllten, in welchem wir Merksätze aufnotieren, die uns helfen, wenn eventuell kurzzeitige Schwankungen unseres Gemütes auftreten.

Folgende Merksätze können uns dabei eine Hilfe sein:

Ich bin in Gott; Gott ist Größe.
Meine positiven Gedanken sind das ewige Sein;
Gott kennt mich.
Ich bleibe in der Stille; Gott schenkt sich mir.
Ich bleibe ruhig; Gott ist gegenwärtig.
Mein erschlossenes Bewußtsein ist der Edelstein,
Gott, in mir;
Er weiß um alle Dinge.

Bruder Emanuel offenbarte:

Wer weitgehend im ewigen Gesetz, Gott, lebt, ist unpersönlich. Auch seine Rede wird unpersönlich sein.

Die unpersönliche Rede spricht die Situationen und Geschehnisse und alles, was ungesetzmäßig ist, klar und unmißverständlich an. Das unpersönliche Wort, Gott, nennt jedoch keine Person mit Namen. Es spricht eine Gruppe von Menschen an, welche ungesetzmäßige Abläufe verursachten und sich dadurch im Gesetz von Saat und Ernte bewegen. Die unpersönliche Rede führt durch Fragen – wie z.B.: „Denke darüber nach – was könnte diese Handlungsweise für Folgen haben?"

Oder: „Willst du für dieses Tun die Folgen tragen?"

Oder: „Ich finde, diese Handlungsweise ist gegen die Menschenrechte und steht gegen jede Ethik und Moral. Ich kann das nicht mittragen."

Oder: „Für diese Aussage kann ich nicht geradestehen. Wenn du dafür zeichnest, so kann ich dich nicht daran hindern. Doch ich stehe dafür nicht ein."

Solche und ähnliche Redewendungen sind unpersönlich, dann, wenn sie auch ehrlich – und ohne abwertende Unterkommunikationen – so gemeint sind.

Deshalb prüft immer wieder eure Gedanken und Worte. Was ist persönlich – was ist unpersönlich?

Senden und Empfangen:
Übung, um in die Sprache des Geistes,
in die Urempfindung, hineinzuwachsen

Bruder Emanuel:

Prüft, ob das von euch erschlossene geistige Bewußtsein auch empfangen kann. Denn jeder Gedanke sendet und empfängt. Jeder Gedanke, ob er von euch oder von eurem Mitmenschen ausgeht, ist zugleich Sender und Empfänger. Deshalb ist in jedem Gedanken die Antwort oder die Lösung enthalten. Mehrere Gedanken aneinandergereiht, ergeben sodann eine Kette von Antworten oder Lösungen. Das geistige Bewußtsein in euch sendet die gesetzmäßige Antwort oder Lösung.

Ich gebe euch eine Übung, damit ihr erkennt, ob euer geistiges Bewußtsein euch schon das zuzustrahlen vermag, was euer Nächster sendet:

Zwei Menschen, die sich bewußtseinsmäßig sehr nahestehen, vereinbaren eine Zeit, zu der der eine sendet und der andere empfängt. Nach dieser Übung notieren beide in das Buch des göttlich Erfüllten, was sie gesendet bzw. empfangen haben. Bei nächster Gelegenheit tauschen sie dann ihre Erfahrungen aus und ob das Gesendete vom Empfänger auch richtig aufgenommen wurde. Dann erfolgt die gleiche Übung in umgekehrter Weise. Derjenige, der gesendet hat, empfängt nun, und der, der empfangen hat, sendet. Beide notieren wieder auf, was gesendet und was empfangen wurde.

Zur Erkenntnis: Das Geschwister, das empfängt, wird niemals die Worte des Sendenden empfangen, sondern nur den Sinn der Worte, den der Sendende in seine Worte hineingelegt hat. Ihr erkennt also: Es geht nicht um die Worte, sondern um den richtigen Sinn.

Gabriele:

Die Geschwister, die miteinander das Senden und Empfangen üben, sollten mit allgemeinen Gesetzmäßigkeiten beginnen. Erst dann, wenn sie sich aufeinander eingestimmt haben, können sie Details senden.

Sind Menschen aufeinander eingestimmt, dann merken sie, daß Senden und Empfangen nichts anderes ist als Austausch von Bildern. Dann wird das Senden realer und klarer, und wir können in das Sendepotential auch detailliertere Impulse geben.

Eine allgemeine Gesetzmäßigkeit, eine Aussage, die noch nicht ins einzelne geht, könnte sein: „Ich bin heute in vollkommener Harmonie, weil meine Arbeit nach den Gesetzen Gottes verlief." Oder: „Ich freue mich, wenn du nach Hause kommst. Ich habe einiges vorbereitet."

Schwierig wird es mit Zeitangaben, weil das geistige Bewußtsein weder Zeit noch Raum kennt. Auch die Telepathie kennt weder Zeit noch Raum. Es müßte ein anderes Maß als unsere Zeit genommen werden, z.B.: Wenn du ruhiger geworden bist. Oder: Wenn du unruhig bist. Oder: Wenn du ausgeruht bist. Oder das Bild: Wenn du erwacht bist. Oder das Bild: Um die Mittagszeit. Oder das Bild eines Nachmittags oder des Abends.

Unser Geistiger Lehrer,
Bruder Emanuel:

Mit dieser Übung wächst das Empfinden für die Sprache des Geistes, die Sprache des Lichtes. Sie ist die Urempfindung.

Die Sprache des Lichtes ist das gesetzmäßige Senden und Empfangen, ist das Allbewußtsein, Gott. Sie kann nur von den Seelen und den Menschen empfangen werden, welche die Seelenhüllen weitgehend durchlichtet oder sogar ganz abgebaut haben und allmählich als Tropfen in den Ozean Gott, in das Allbewußtsein, einkehren.

Gabriele:

Auch das Schöpfen des Tropfens im Ozean aus dem Ozean, Gott, beruht auf Senden und Empfangen. Tauchen wir hinein in den Strom des Allbewußtseins, so ist dies einem Ansenden gleich. Wir senden hinein in den Strom, um bildhaft zu empfangen.

Ein Beispiel für das Hineinsenden in den Strom ist die Bitte um die Lösung einer Situation. Dann tauchen wir in den Strom ein und verbinden uns über den Strom mit dem Positiven in der Situation; wir stellen also eine Kommunikation her. Kommunikation ist Aktivität, und diese Kommunikation wird uns im Oberbewußtsein bewußt, so daß wir das Ganze in Worte fassen und weitergeben können. Die Lösung wurde uns bewußt.

Die unpersönliche Rede.
Der geistige Mensch findet für seine Nächsten die richtigen Worte und die rechte Hilfe

Offenbarung von Bruder Emanuel:

Die Sprache des Geistes ist unpersönlich. Nur derjenige empfängt sie, der in seinem Denken und Leben unpersönlich geworden ist.

Die Sprache des Geistes ist Klarheit. Nur derjenige empfängt sie, der mit seinem Nächsten im Reinen ist.

Die Sprache des Geistes ist Licht. Nur derjenige empfängt sie, dessen Seele und Körper licht geworden sind.

Die Sprache des Geistes kennt keine Floskeln und keine schmeichelnden Worte der Liebe. Sie ist die Klarheit, die Liebe selbst, das geradlinige, feine, edle, unpersönliche, mächtige Ich Bin.

Gabriele:

Als Menschen müssen wir uns vielfach mit unserer Sprache, mit unseren Worten, verständigen. Kommen unsere verbindlichen Worte von Herzen, dann sollten sie hin und wieder dem Nächsten zugesprochen werden – dann, wenn der geistige Mensch weiß, daß sein Nächster sie in gesetzmäßiger Weise an- und aufnimmt. Erkennt er jedoch, daß sein Nächster darauf wartet, sich dann geschmeichelt fühlt oder sich damit aufwertet, so wird der geistig Reife schweigen.

Bruder Emanuel:

Was der geistige Mensch spricht, ist gesetzmäßig. Er spricht das Gesetz der Wahrheit. Dadurch wird seine Rede kurz, jedoch präzis.

Jedes Wort, jede Entscheidung ist richtungsweisend. Es kommt allein darauf an: Ist das Ziel – die Richtung – göttlich oder menschlich? Ist es göttlich, dann tritt der Mensch in Kommunikation mit den göttlichen Energien. Ist es menschlich, dann tritt er mit gegensätzlichen Energien in Kommunikation. Wohin der Mensch denkt, von dort empfängt er. Ist der Mensch hin- und hergerissen – einmal für, dann wider –, so wird er ein Spielball der verschiedenen Kräfte.

Gabriele:

Das gesetzmäßige Verhalten ist immer korrekt und geradlinig. Es spricht Dinge und Geschehnisse unpersönlich an, wird dabei jedoch niemals das Negative bejahen, auch nicht durch eine Frage.

Gibt unser Nächster eine Absichtserklärung oder ein Versprechen ab und hat sein Versprechen positiven, also gesetzmäßigen Charakter, so sollten wir seine positive Entscheidung oder seinen positiven Entschluß bejahen und ihn nicht in Zweifel ziehen. Erkennen wir, daß unser Nächster unter Umständen an seinem Entschluß schwer zu tragen oder damit schwer zu kämpfen haben wird, dann sollten wir ihn dahingehend unterstützen, daß wir ihn nicht einfach ziehen und wirken lassen, sondern ihn mit unseren positiven Gedanken begleiten.

Viele Menschen verwenden eine ungesetzmäßige Frage als Redewendung, dann z.B., wenn sie ihren Bekannten oder Freunden oder Verwandten begegnen. Sie fragen: „Wie geht es dir?" Der Gefragte wird dann Antwort geben. Meist ist in der Antwort ein kleiner Beigeschmack von Negativem, oder sie ist gänzlich negativ, weil die meisten Menschen eine entsprechende Polung haben. Die Frage nach dem Befinden kann eventuell einen Schwall von Gedanken, Worten oder auch Selbstmitleid auslösen. Dann wird längere Zeit über Krankheit, Familienschwierigkeiten oder andere Probleme gesprochen. Das bedeutet, daß wir eine Entsprechung freigesetzt haben, die sich durch Gedanken, Worte oder durch Selbstmitleid weiter aufbaut. Durch diesen Eingriff in das Leben des Nächsten – denn eine ungesetzmäßige Frage ist ein Eingriff – schaffen wir Ursachen, die uns unter Umständen an unseren Nächsten binden.

Deshalb sollten wir diese Frage, die vielfach nur eine Floskel ist, in Positives transformieren, indem wir nach der Begrüßung unserem Nächsten ein ehrliches Kompliment machen. Jeder Mensch hat etwas Positives an sich. Sind wir positiv eingestellt, dann wird uns unser erschlossenes geistiges Bewußtsein dieses erkennen lassen. Unser ehrliches Kompliment spricht dann z.B. die Farbe des Kleides, ein hübsches Möbelstück, eine blühende Pflanze am Fenster, ein Lächeln und anderes mehr an. Auch durch solche äußeren Dinge, die wir ansprechen, wecken wir in unserem Nächsten positive Kräfte der Freude und der Aufmunterung. Durch unsere Aufrichtigkeit und unser gesetzmäßiges Verhalten können wir ein Gespräch in Fluß bringen, das für beide positiv, also aufhellend sein kann. Sollte das positive Gespräch eine Wende nehmen, wird z.B. von Krankheit und Leid gesprochen, dann ist es uns als geistigen Menschen geboten, in dieses Gespräch Hoffnung und Zuversicht einfließen zu lassen.

Trägt unser Nächster an seinem Kummer und Schicksal schwer und wirkt er sehr verschlossen und bedrückt, dann kann der geistige Mensch das Gespräch so lenken, daß sich unter Umständen die Herzenstüre öffnet und unser bedrückter Nächster sich freispricht. Dann sollten wir ihn sprechen lassen und nicht mit Gegenargumenten auf ihn einwirken. Schon gar nicht sollten wir von uns selbst erzählen. Haben wir gelernt, zuzuhören und unseren Nächsten in unserem göttlichen Bewußtsein zu erfassen, dann werden wir auch zur rechten Zeit die unpersönlichen Worte finden, die Trost und Hilfe sind und dazu beitragen, daß sein Inneres wieder aufgebaut und sein Äußeres wieder stabilisiert werden kann.

Bruder Emanuel offenbarte:

Jeder Mensch, der noch des Trostes, der Hilfe und der Stütze bedarf, steht in der Gnade Gottes. In den Menschen, die das Rad der Wiedergeburt verlassen haben, wandelt sich die Gnade in Güte, denn sie treten in das Gesetz der All-Liebe, das Sein, ein und werden zum Sein, zum Gesetz, selbst. Das Gesetz, Gott, spricht sich selbst. Es ist die Absolutheit und die dienende Liebe.

Gabriele:

Jeder Mensch, der den Inneren Weg beginnt, erhält von Gott eine Karenzzeit, eine Zeitspanne, in welcher der Gnadenschutz Gottes wirksam ist. In der Schutzhülle der Gnade kann sich der Mensch aufrichten, kann sich in Gott stabilisieren, um dann den Stürmen der Zeit gewachsen zu sein, um also dann das Sündhafte, die noch bestehenden Ursachen, mit der Kraft Gottes zu meistern.

Ist die Karenzzeit zu Ende, dann zieht sich der Gnadenschutz zurück, damit wir in der Anwendung des Erkannten die Standfestigkeit in Gott üben. Dann müssen wir auch erfahren, was wir in der Karenzzeit, während des Gnadenschutzes, nicht erfüllt haben. Dann werden die Stürme toben, und unter Umständen werden wir wieder ins Gesetz von Saat und Ernte zurückgeschleudert werden – auf das Fundament, das wir zu Beginn des Inneren Weges hatten oder noch tiefer, je nachdem, wie wir und womit wir gegen die Gesetze Gottes bewußt verstoßen haben. In diesem Fall kann uns die Gnade Gottes nur dann wieder zuteil werden, wenn wir ernsthaft bereinigen und konsequent den Weg zu Gott gehen. Doch ist die Gnade nun nicht mehr die

Schutzhülle, sondern Hilfe und Stütze, um den Stürmen der Ursachen allmählich zu widerstehen.

Bruder Emanuel:

Gütige Menschen finden für ihre Mitmenschen immer die richtigen Worte und wissen, wie und wo sie helfen können. Den Menschen im Gesetz von Saat und Ernte werden die göttlichen Eigenschaften Geduld – in der die Gnade enthalten ist –, selbstlose Liebe und Barmherzigkeit vom Geist Gottes zugestrahlt. Beginnt der Tropfen, die weitgehend gereinigte Seele, in den Ozean, Gott, einzutauchen, dann wandelt sich die Geduld oder Gnade in Güte und die Barmherzigkeit in Sanftmut um. Die reinen Wesen des Lichtes bedürfen nicht der Gnade; sie sind gütig, liebevoll und sanftmütig von ganzem Herzen, weil sie das Sein, das ewige Gesetz, verkörpern.

Gabriele:

Wir dürfen also immer mehr in die innere Güte, in die wunderbare, innere, selbstlose Liebe und in die Sanftmut eintauchen. Das macht uns frei gegenüber unseren Mitmenschen. Wer frei ist, der ist auch jeder Situation gewachsen. Die Gewißheit, daß uns die ewige Liebe immer tiefer in das Leben, in das wahre Sein, hineinführt, vermittelt uns ein unbeschreibliches Gefühl innerer Freude und Heiterkeit. Die Tage sind in dieses Licht eingetaucht.

*Ein Merksatz für das Buch des göttlich Erfüllten:
Wer sich für Gott, die ewige Wahrheit, entschieden hat, lebt mehr und mehr in der Einheit mit Gott, mit allen Menschen und mit allem Sein.*

Der Wahrhaftige sendet unermüdlich die Strahlen seines göttlichen Bewußtseins aus und schaut glasklar Wahrheit und Unwahrheit nebeneinander.
Der Unentschiedene hingegen bleibt abgekapselt und versponnen in sein niederes Ich.
Wir merken uns folgendes: Gott schützt nicht unsere Schwächen. Gott gibt nicht nach, wenn wir ungesetzmäßig denken, sprechen und handeln und wenn wir Menschliches wollen. Gott stärkt die positiven Seiten in uns und bejaht auch in allem Gegensätzlichen das Positive. Das heißt, Er, der große All-Eine, strahlt im Gegensätzlichen verstärkt das Positive an und bringt es allmählich so in Aktion, daß der Mensch früher oder später zur inneren Wahrheit findet, zu der er dann wieder wird. Wir sollen das gleiche tun. Wir sollen in unserem Nächsten das Positive bejahen, und, so es notwendig ist, auch ansprechen. Auf diese Weise helfen wir unseren Mitmenschen.

*Einige Merksätze für uns:
Laß den Schwachen niemals links liegen. Bedauere ihn jedoch auch nicht in seiner Schwäche, sondern strahle ihm die positiven Kräfte zu, oder sprich das Positive, die innere Stärke, an, und bete für ihn.*

Über unsere Sinneswahrnehmungen erkennen wir noch bestehende Unterkommunikationen und Entsprechungen

Gabriele:

Die Ausrichtung auf den Allerhöchsten ist dann gewährleistet, wenn die fünf menschlichen Sinne den Sinnen der Seele, also dem Willen Gottes, untergeordnet sind.

Bruder Emanuel offenbarte:

Jeder Mensch hat immer wieder arbeitsfreie Stunden oder Tage. Ihr nennt sie auch Stunden der Muße. Gerade in den freien Stunden, dann, wenn der Alltag ruht – z.B. am Abend, an den Wochenenden oder an arbeitsfreien Tagen –, sollt ihr beobachten, wohin sich eure Sinne – der Seh-, Gehör-, Geruchs-, Geschmacks- und Tastsinn – bewegen. Wenn äußere Ruhe eingekehrt ist, läßt sich am Zug der Sinne leicht erkennen, ob noch intensive Unterkommunikationen bestehen, z.B. drängende Wünsche und Aspekte von Leidenschaften. Im Alltag werden diese oftmals nur noch anklingenden Unterkommunikationen verdrängt.

In der äußeren Ruhe an arbeitsfreien Stunden und Tagen hingegen treten sie stärker hervor. Auch bei Spaziergängen oder beim geselligen Beisammensein können solche noch bestehenden Unruhen beobachtet werden. Es gibt viele Möglichkeiten, festzustellen, wohin sich die Sinne immer noch wenden.

Sollte sich durch die Sinneswahrnehmungen euer Körperrhythmus ändern, solltet ihr also unruhig oder gar leicht depressiv werden, dann könnt ihr sicher sein, daß entweder ausklingende Entsprechungen angesprochen wurden oder noch vorhandene, noch nicht erkannte Teile von Entsprechungen.

Auch dann, wenn ihr plötzlich hektisch werdet, euch ruckartig bewegt, wenn ihr schnell zu schreiten beginnt, euch hastig vom Stuhl erhebt oder euch auf diesen fallenlaßt oder euch auf dem Stuhl hin und her bewegt, wenn ihr disharmonisch eure Füße und Arme bewegt – das und vieles mehr will euch sagen, daß in euch Energien aktiviert wurden: Die Sinne waren die Sender, und die Entsprechungen haben empfangen. Um eure inneren Regungen zu erfassen, müßt ihr auf Empfang gehen, das heißt die Regungen und Bewegungen eures Körpers ergründen. Durch euer Hineinspüren in die sich bewegenden Komplexe kommen Aspekte dieser Energien in das Oberbewußtsein und treten in eurer Gedankenwelt auf.

Befinden sich in der Seele nur noch Erinnerungen oder geringe, ausklingende Programme von Entsprechungen, dann bleibt es in euch still, denn die Sinne sind mit allen Menschen und allen Lebensformen weitgehend in Harmonie. Sie sind dann verfeinert und sind Fühler, die in das göttliche Bewußtsein hineinragen. Durch die Verinnerlichung des Menschen treten die Sinne nur noch mit den positiven Aspekten in allen

Dingen, Geschehnissen und in allen Lebensformen in Kommunikation.

Gabriele:

Wie verhält sich der im Geiste Gereifte gegenüber den negativen Aspekten des menschlichen Lebens?

Auch der geistige Mensch kann auf die äußeren Dinge wie Kriege, Naturkatastrophen und dergleichen kaum Einfluß nehmen. Es müßten sehr, sehr viele Menschen sein, die sich dem Geiste Gottes zuwenden, die dann gemeinsam ein entsprechendes geistiges Potential haben, um aus den Trümmern dieser Zeit Geistiges, also Positives, zu entwickeln.

Einem geistigen Menschen wird sein Nächster, der krank ist, der leidet, der Schwierigkeiten hat, nicht gleichgültig sein. Der Gotterfüllte ist immer bereit zu helfen. Er wird sich jedoch niemals anbiedern oder anbieten, das heißt, er wird Rat und Hilfe weder aufdrängen noch Rat und Hilfe dort anbieten, wo es nicht notwendig oder nicht gewünscht ist. Er wird die rechten Worte finden, um seinem Nächsten nahezubringen, daß er bereit ist, ihm so weit zu helfen, wie es ihm möglich ist; doch aufdrängen oder anbiedern wird er sich nicht.

Vieles geschieht in unserer weiteren Umwelt; Ereignisse wie Kriege und Naturkatastrophen mehren sich. Was kann der einzelne, was können einige wenige dagegen ausrichten? Was sie tun können, ist, ein gesetzmäßiges Leben zu führen, für ihre Mitmenschen zu beten und allen Menschen, die bereit sind, die Gesetze des Herrn anzunehmen, den Weg zu weisen, damit auch sie zum höheren Leben finden.

Bruder Emanuel:

Aus allen Geschehnissen und Ereignissen kann der Mensch für sich Schlüsse ziehen, auch in seinen Gesprächen mit dem Nächsten, z.B. dann, wenn eine Situation auftritt, in der er persönlich wird. Was will ihm das sagen? Sein Persönliches, sein menschliches Ich, wurde berührt und kam in Vibration. Es drängte, sich mitzuteilen oder sich darzustellen.

Der Mensch auf dem Wege der Vollendung wird sich mit dieser Erkenntnis nicht zufriedengeben. Er weiß, daß dieser Persönlichkeitsdrang nur die Wirkung von Ursächlichkeiten, von Programmen, ist, die tiefer liegen.

Der Erwachte wird sich mit dem Geist seines göttlichen Bruders verbinden und Ihn um Hilfe und Klarheit bitten. Der Geist des göttlichen Bruders ist der Innere Helfer und Ratgeber, der dann auch in diesem Persönlichkeitsdrang, einerlei, wie er sich äußert, wirksam wird und sich dem Erwachten auf vielerlei Weise mitteilt: entweder durch Empfindungen, durch plötzliche Erkenntnisse, durch Blickkontakte oder durch Begegnungen mit Menschen, die das, was der Geist des Lebens dem Menschen sagen möchte, von außen her verstärken und im Menschen das sogenannte Aha-Erlebnis, das Bewußtwerden, auslösen.

***Wesentliche Gesetzmäßigkeiten,
die wir beherzigen sollten,
um im Alltag wachsam zu bleiben.
Verhalten in Gesprächen.
Wir entscheiden uns in jedem Augenblick
für das Göttliche***

Gabriele:

Lieber Bruder, liebe Schwester, beherzigen wir noch folgende wesentliche Gesetzmäßigkeiten, die uns helfen, im Alltag wachsam zu bleiben:

Jedes Wort, das über unsere Lippen kommt, sagt aus, wie und wer wir sind. In jedem Gespräch und in jeder Situation können wir uns prüfen, ob wir noch persönlich sind.

Unsere Augen sind der Spiegel der Seele. Wer oder was schaut aus uns heraus? Was wir über unsere Augen abrufen und welche Gedanken daraufhin in uns aufsteigen, das schaut und spricht aus uns heraus!

Das unpersönliche Leben kann nur von den Menschen gelebt werden, die ihr Persönliches, ihr niederes Ich, weitgehend überwunden haben; denn dann entfaltet sich die Ernsthaftigkeit, die Klarheit des Bewußtseins.

Wer den Golgathapfad bis zur Evolutionsstufe des Ernstes wahrhaftig gegangen ist, der hat einen großen Überblick und hat Einblick in viele Dinge und Situationen, auch in seine Mitmenschen.

Wir sind ernsthaft und bewußt, wenn unsere Gefühls- und Gedankenwelt, unsere Worte und Handlungen in Übereinstimmung mit dem Göttlichen in uns sind. Wir sind jedoch euphorisch und enthusiastisch und somit nach außen gekehrt, wenn unsere Gedanken noch anders als unsere Worte klingen und unsere Handlungen wieder anders als unsere Gedanken und Worte sind. Auch das will uns etwas sagen. Unser euphorisches und enthusiastisches Verhalten will letztlich etwas verbergen.

Wollen wir noch diskutieren, dann wollen wir noch recht haben. Was liegt zugrunde? Recht ist nicht Gerechtigkeit. Wollen wir uns in der Gerechtigkeit üben, dann sollen wir nicht diskutieren, sondern das Unrecht unpersönlich ansprechen.

Weitere Erkenntnisse auf dem Weg zur Vollendung:
Auf der Evolutionsstufe des Ernstes sollte der Mensch die zielbewußte Gesprächsführung gelernt haben. Die Praxis erweist, daß zielbewußte Gespräche dann fruchtbringend sind, wenn der Gesprächspartner mit seinen Fragen und Antworten ernstgenommen wird.

Nehmen wir unseren Nächsten ernst, dann nehmen wir ihn auch an, und wir nehmen seine positiven Seiten in uns auf. Die Achtung vor seinem Nächsten gebietet dem geistigen Menschen, diesen so weit zu verstehen, wie sein erschlossenes geistiges Bewußtsein ihn aufzunehmen vermag. Durch diese innere Haltung gegenüber seinem Nächsten wird er auch in allen Gesprächen das Unmittelbare ansprechen, also das Wesent-

liche, und im Gespräch den sogenannten roten Faden, den Leitfaden, halten, auf dem das Wesentliche aufgefädelt wird.

Den Leitfaden zu halten heißt, im Gespräch auf dem Gesagten aufbauen. Auf der Stufe des Ernstes wissen wir um den Inhalt des Gesagten, denn wir können die Essenz der Gespräche erfassen, all das, was in und hinter den Worten liegt. Daraus soll dann das Gespräch weitergeführt werden, so daß das Wesentliche herausgearbeitet wird – das Gesetzmäßige, das wir dann auch anstreben und halten.

Wer in seinem Inneren ruht, der ist konzentriert und auf jede Gesprächssituation bezogen. Er wird keine eigenen Gedanken produzieren, während sein Nächster spricht.

Menschen des Geistes leben in ihrem Innersten und schöpfen aus der nie versiegenden Quelle Gott. Deshalb erfassen sie den Sinn des Gespräches und den Sinn der Worte. Sie geben aus ihrem Innersten, aus dem erschlossenen Teil ihres göttlichen Bewußtseins, die gesetzmäßige Antwort oder stellen gesetzmäßige Fragen. Die Antworten und die Fragen sind kurz und klar.

Unnütze Worte sind unwesentliches Rankwerk und Darstellung des menschlichen Ichs.

Die Rede des geistigen Menschen ist beseelt von der göttlichen Kraft. Beseelte Worte tragen Aktivität und Leben in sich.

Doch bleiben wir wachsam, denn der Widersacher schläft nicht! Er ist ständig bestrebt, uns in Unruhe zu versetzen, unser Inneres wie das Pendel einer Uhr zu bewegen, um uns möglichst immer wieder hin und her zu reißen – einmal für und dann wieder gegen Gott. Alle Entsprechungen, und selbst nur noch Reste von Entsprechungen, sind gegensätzlich. Sie strahlen aus. Sie senden also und empfangen wieder. Dieses Sendepotential ist gegen das Göttliche und kann vom Widersacher, der das Gegensätzliche ist, benutzt werden, indem er uns wie mit Pfeilen beschießt, bis er ins Schwarze trifft – also die Entsprechung.

Wir haben gehört, daß jede Entsprechung, also alles Menschliche – und sei es noch so gering – ausstrahlt. Die Ausstrahlung unserer Entsprechungen zeigt sich in unserer Aura, denn die Aura besteht aus energetischen elliptischen Bahnen, in denen sich unsere Entsprechungen widerspiegeln. Befinden sich also in einer oder in einigen elliptischen Bahnen eine oder mehrere Entsprechungen, dann ist es dem Widersacher möglich, in unsere Aura einzudringen und diese Entsprechungen zu aktivieren.

Sind wir nicht wachsam, dann werden die Entsprechungen, die in der Aura aktiviert wurden, auch in der Seele lebendig, denn dort sind sie ebenfalls gespeichert. Über die Seele strahlen sie in unseren Körper ein und somit auch zu unseren Gehirnzellen. Dort, im Oberbewußtsein, werden uns unsere Entsprechungen bewußt. Wir beginnen, entsprechend zu denken. Sind wir nicht wachsam, ruhen wir nicht weitgehend in Gott, sind wir nicht auf die Situationen des Tages bezogen, leben wir also nicht bewußt im Tag, dann werden wir über diese Entsprechungen weiter nachdenken.

Bewegen wir uns gedanklich immer wieder in diesem gegensätzlichen Schwingungsfeld, dann regen wir damit auch wieder unsere Sinne an, die sich nach außen kehren, die wiederum entsprechende Situationen anziehen und uns auf Entsprechendes aufmerksam machen. So erweitern wir die minimale Entsprechung, vergrößern also unser Sündhaftes durch gegensätzliche Gefühle, Empfindungen, Gedanken oder durch Worte und Handlungen, je nachdem, was der Entsprechung zugrunde liegt. Auf diese Weise können wir uns wieder belasten.

Der Widersacher kann also aus dem Bereich des Unsichtbaren in unsere Aura einwirken, uns auf direktem Weg verführen und steuern. Er hat jedoch auch die Möglichkeit, sich Menschen nutzbar zu machen, um uns zu beeinflussen. Er führt uns Menschen über den Weg, mit denen wir noch Ensprechungen haben, Menschen, die durch ihre Worte oder Handlungen unsere Entsprechungen bewußt ins Schwingen bringen. Solche Menschen können gesteuert sein, damit der Widersacher uns zum negativen Denken verleitet.

Bleiben wir also wachsam und entscheiden wir uns in jedem Augenblick für das Göttliche; dann können wir der unmittelbaren Gnade, die unser geistiger Schutz ist, gewiß sein. Wir werden dann dem Widersacher nicht unterliegen, sondern in jeder Situation Gottes Willen erkennen und erfüllen.

Machen wir uns immer wieder bewußt und notieren wir als Merksatz in unser Buch des göttlich Erfüllten:

Der Ernst beugt sich nicht dem Willen des Menschlichen.

Es ist möglich, daß wir auf Menschen treffen, die ähnliche Entsprechungen haben wie wir, so daß dadurch bei uns die Entsprechungen angeregt werden können. Wir denken dann, denken und denken und bauen so unser Sündhaftes auf und aus.

Der im Geiste gereifte Mensch, der sich bewußt auf der Stufe des göttlichen Ernstes befindet, beugt sich nicht dem Willen des Menschlichen. Er klärt auf, berichtigt, hilft und dient, wird sich jedoch vom Menschlichen niemals beeinflussen lassen.

Einem Weltmenschen oder Menschen mit einem noch nicht erschlossenen geistigen Bewußtsein kann diese Haltung auch wie Unbeugsamkeit oder Unnachgiebigkeit erscheinen. Dennoch wird der geistig gereifte Mensch dem Willen des Menschlichen nicht nachgeben, denn er achtet in allem die göttliche Gesetzmäßigkeit: Beuge dich niemals vor dem Menschlichen, denn es ist ungöttlich. Gib allein Gott die Ehre.

Weitere Merksätze:
Das ewige Gesetz ist unpersönlich. Es bleibt gegenüber allem Ungesetzmäßigen distanziert und unpersönlich.
Das Absolute Gesetz ist unparteiisch. Es bevorzugt weder den einen noch den anderen. Es strahlt ununterbrochen die ganze Fülle aus. Doch jeder kann nur in dem Maße empfangen, wie er sich dem ewigen Gesetz zuwendet.

Der wahre Weise identifiziert sich nicht mehr mit seinem irdischen Namen

Gabriele:

Lieber Bruder, liebe Schwester, wir sind nun auf den letzten Seiten des Buches der Stufe des Ernstes. Was noch für uns wesentlich ist, an das wir jedoch oftmals nicht denken, soll hier angesprochen werden.

Da es keine Zufälle gibt, so ist auch unser Vor- und Zuname von Bedeutung. Beide Namen werden uns bei der Geburt zugewiesen. Mit Beginn einer Einverleibung strahlen aus der inkarnierenden Seele ihre lichten Seiten und auch ihre Belastungen, die im Laufe ihres irdischen Daseins aktiv werden wollen. Beide, sowohl die lichten als auch die dunklen Seiten der Seele, sind Frequenzen, also Schwingungen. Sie wirken entweder auf die Mutter oder den Vater ein oder auf beide oder auf Großeltern, Verwandte und Bekannte – je nachdem, welchen gleich- oder ähnlich schwingenden Frequenzbereich sie erreichen können, um sich mitzuteilen. Mutter, Vater, Großeltern, Verwandte oder Bekannte sprechen dann einen oder mehrere Vornamen aus. Einer davon fällt tief in das Innere der Eltern. Dieser wird dann von den Eltern bejaht. Das ist dann der Vorname des Kindes.

Sowohl der Vorname als auch der Nachname will uns etwas sagen. Unsere Seele hat nicht zufällig diese Eltern gewählt. Wechselt ein Mensch seinen Vor- oder Zunamen, so ist auch dies kein Zufall.

Wir sehen also: Alles ist wohlgeordnet im kosmischen Geschehen. Sollte sich jedoch der Eigenwille eines Menschen durchsetzen und er gibt seinem Kind einen Namen, der nicht zur Strahlung der Seele paßt, dann wird der Vorname später geändert oder verändert, z.B. durch Kurzformen. Die Seele bestimmt durch ihre Strahlung nicht nur den Vor- und Zunamen, sondern auch ihren Geburtstag, ihre Geburtsstunde und das Geburtsjahr. Greift jedoch der Mensch in das kosmische Geschehen ein, dann gibt es Komplikationen.

So, wie sich der Kosmos laufend verändert, weil alle Gestirne in beständiger Bewegung sind, so ist auch unsere kosmische Seele in Bewegung. Auch wir bringen unsere lichten Seiten und unsere Schattenseiten in Bewegung mit unseren Gefühlen, Empfindungen, Gedanken, Worten und Handlungen – wir durchlichten unsere Seele und unseren Leib, oder wir belasten unsere Seele und unseren Körper. Infolgedessen verändern sich auch unsere Vor- und Zunamen.

Bei unserer Geburt haben unsere Vor- und Zunamen ausgesagt, was wir sind. Gegenwärtig kann es anders sein, denn wir sind eventuell anders geworden. Normalerweise behalten wir unsere Vor- und Zunamen, denn damit weisen wir uns in der Welt aus. Der Erwachte, der wahre Weise, wird zwar seinen Vor- und Zunamen als Ausweis für sein Hiersein tragen; er selbst identifiziert sich jedoch nicht mehr mit dem, was er in diese Welt mitgebracht hat, mit den Frequenzen, welche zu Vor- und Zunamen wurden. Der zu Gott Strebende hat sich in die Kindschaft des Allerhöchsten erhoben und bejaht seine göttliche Herkunft, den reinen Klang seiner Seele.

Wer nicht mehr im Kausalgesetz lebt, den führt Christus unmittelbar in das ewige Gesetz der Liebe und der Freiheit

Bruder Emanuel offenbarte:

Der Weg zur Vollendung kann nur mit Christus beschritten werden. Christus ist der Erlöser aller Menschen und Seelen. Sein erlösendes Licht ist der Weg, der allen Seelen und Menschen leuchtet, die im Kausalgesetz, im Gesetz von Ursache und Wirkung, leben. Durch die Selbsterkenntnis, durch Reue, durch Vergebung, Bitte um Vergebung und durch Wiedergutmachung dessen, was noch gutzumachen möglich ist, und indem er die erkannten Fehler nicht mehr tut, geht der Wanderer Schritt für Schritt auf dem Inneren Weg hin zur Vollendung.

Die Vollendung des Lebens ist das Eintauchen in das Absolute Gesetz. Der Tropfen aus dem Ozean Gott ist wieder heimgekehrt und lebt im großen Ozean der Liebe.

Wer nicht mehr im Kausalgesetz lebt, im Rad der Wiederverkörperung, den führt Christus unmittelbar in das ewige Gesetz der Liebe und der Freiheit. Der Erlöserfunke der Seele taucht allmählich ein in den Urfunken, Gott. Mit Christus findet die Seele, das werdende Geistwesen, zurück in das Absolute Gesetz und wird wieder zum Absoluten Gesetz selbst.

Der Mensch, der physische Leib, ist von dieser Erde und wird nach der Entkörperung der Seele auch dieser

Erde wiedergegeben. Mit dem Eintritt der Seele in das Erdenkleid ist dem Menschen geboten, nicht nur seine Fehler und Schwächen zu erkennen und sie zu bereinigen, sondern auch seinem Nächsten dann zu dienen, wenn er selbst Schritte auf dem Weg zum Inneren Leben getan hat. Denn erst dann wird er fähig und ist befähigt, seinen Nächsten aus seiner eigenen Verwirklichung zu dienen und zu helfen. Alles andere ist Wissensvermittlung, keine beseelte Hilfe und auch kein selbstloses Dienen.

Gabriele:

Auf dem Weg zu Gott gibt es Übergänge – es sind die Evolutionsschritte.

Im ewigen Sein ist alles fließendes Ich Bin, das ewige Gesetz. In der ganzen Unendlichkeit gibt es nichts Statisches; auch auf dem Inneren Weg gibt es die Übergänge, die keinen Abbruch kennen. Deshalb heißt es gerade beim Übergang von der Stufe des Ernstes zur Stufe der Geduld und Liebe Gottes „die weitgehend reine Seele". Am Ende der siebten Stufe ist es das „reine Wesen", das nun durch das Tor in das ewige Sein wandelt.

Weil die Übergänge bestehen, haben wir also zwei Begriffe; es wird einmal von „weitgehend rein" und dann von „rein" gesprochen.

Merken wir uns: Es gibt in der ganzen Unendlichkeit nichts Statisches. Auf dem Inneren Weg gibt es die Übergänge, die Schritte in den ewigen Strom, Gott.

Weiter Bruder Emanuel:

Christus ist der Weg, die Wahrheit und das Leben. Den Menschen, dessen Seele die geistige Reife der Stufe des göttlichen Ernstes erlangt hat, führt nun Christus selbst durch seine lichte Seele in die Vollendung, in den Schoß des Allerhöchsten.

Am Ende der Unterweisungen
für die vierte Stufe des Inneren Weges
richtete unser Geistiger Lehrer, Bruder Emanuel,
abschließende Worte an uns:

Hiermit beende ich, Bruder Emanuel, die Lehren und Lektionen für meine Brüder und Schwestern auf dem Inneren Weg hin bis zum Ende der vierten Stufe.
Das Buch des göttlich Erfüllten soll weiterhin euer Wegbegleiter sein. In diesem Buch könnt ihr alles notieren, was noch ansteht, was noch bereinigt werden soll und auch, was euch erfreut. Auch die Zwiegespräche mit eurem göttlichen Bruder, Christus, könnt ihr darin in Stichworten festhalten. Schreibt nicht wortwörtlich auf, was ihr aus der Tiefe eurer Seele empfangen dürft, sondern macht nur Notizen, denn der Mensch soll nicht am Buchstaben haften, sondern im Geiste der Wahrheit erblühen, leben und daraus geben. Wer zur ewigen Wahrheit gefunden hat, der ist die Wahrheit und braucht für sich persönlich nicht mehr den Buchstaben. Er braucht den Buchstaben und das Wort, um sich in dieser Welt mitteilen zu können. Was

er jedoch spricht oder niederschreibt, das liegt bewußt in ihm selbst: die Wahrheit, das Leben, Gott.

Am Ende der vierten Evolutionsstufe ist der Mensch der „Geistig Getaufte". Er hat von Christus die göttliche Weihe empfangen, das „Vollbracht". Nun führt ihn Christus zum ewigen Vater. Die reine Seele, das Geistwesen in Gott, spricht: „Vater, in Deine Hände übergebe ich mein Sein, das aus Dir ist."

Lieber Bruder, liebe Schwester, dein Bruder aus dem Geiste Gottes, für diese Erde Emanuel genannt, wünscht sich ein baldiges Wiedersehen mit dir im Lichte der Wahrheit. Die ewige Liebe verbindet uns und führt uns im tiefen, beseelten Frieden in der ewigen Heimat zusammen. Dort werden wir uns schauen, dann, wenn das Erdenkleid nicht mehr ist und du im Glanze der Wahrheit stehst, unbegrenzt und erfüllt vom Leben, vom einzig Großen, der ewig ist von Ewigkeit zu Ewigkeit. Du bist als Essenz in mir, und ich bin als Essenz in dir. Gott hat uns geschaut und in Sein Licht gestellt.

Wir sind in der ewigen geschwisterlichen Liebe geeint!

Dein göttlicher Bruder
Emanuel

Anhang

Was ist das Universelle Leben?

Das Universelle Leben ist eine auf allen Kontinenten der Erde verbreitete dynamische Glaubensgemeinschaft, welche die Tradition des Urchristentums aufnimmt und wie dieses aus der Quelle des Prophetischen Wortes schöpft. Im Universellen Leben setzt sich das unmittelbare Wirken Gottes auf Erden fort, wie es durch die jüdischen Propheten des Alten Bundes und durch Jesus von Nazareth geschah.

Diese innere Dynamik des Universellen Lebens bewirkte auch im Äußeren eine kraftvolle Entwicklung: Aus dem Gottesgeist entstand innerhalb von 15 Jahren eine weltumspannende Bewegung, die kontinuierlich wächst. Alle, die ehrlichen Herzens Jesus von Nazareth nachfolgen und die göttlichen Gesetze Schritt für Schritt verwirklichen, sind das Fundament, auf dem das Friedensreich Jesu Christi aufgebaut wird.

Der Aufbau des Universellen Lebens, des Erlöserwerkes Jesu Christi auf Erden, ist im Zusammenhang mit seinem geistigen Hintergrund und seiner bisherigen Entwicklungsgeschichte zu verstehen. Es sind vier Säulen, auf denen das Universelle Leben gegründet ist: Die Offenbarungen des Christus-Gottesgeistes für die Menschheit von heute in dieser mächtigen Zeitenwende, beginnend im Heimholungswerk Jesu Christi; der Innere Weg; die Innere Geist=Christus-Kirche sowie die Bundgemeinde Neues Jerusalem.

Durch Sein Prophetisches Wort gründete Christus 1977 das Heimholungswerk Jesu Christi, Sein Erlöserwerk, das Aufklärungs- und Rückführungswerk. Es weist allen Menschen und Seelen den Weg zurück zu Gott, in die ewige Heimat. In Tausenden von Offenbarungen vermittelte und vermittelt der Christus-Gottesgeist seit 1977 jetzt das allumfassende geistig-göttliche Wissen. Christus offenbarte hierzu am 22.11. 1992: „Höret, ihr Menschen aller Völker dieser Erde! Ich, Christus, der Sohn des lebendigen Gottes, euer Erlöser und Wegbereiter, habe die ganze Wahrheit ausgegossen", die in dieser Breite und Detailliertheit der Menschheit bisher noch nicht offenbart wurde.

Aus dieser Wurzel, dem Heimholungswerk Jesu Christi, ging das Universelle Leben hervor, das heißt: Denken, Leben und Wirken im Geiste Gottes – nach den Prinzipien Gleichheit, Freiheit, Einheit, Brüderlichkeit, woraus sich die Gerechtigkeit ergibt.

Im Universellen Leben lehrte und lehrt der Christus-Gottesgeist weiter. Er offenbarte alle Stufen des Weges zur Vollendung. Es ist der Innere Weg zu Gott im Innersten jedes Menschen, der Pfad der Selbsterkenntnis und der Läuterung von Seele und Mensch. Er führt durch die konsequente Arbeit an uns selbst schrittweise in die Einheit mit Gott in uns und in allem Sein.

Das geistige Sammelbecken für alle suchenden Menschen – gleich, welcher Religion, Konfession oder Weltanschauung sie angehören – ist die Innere Geist= Christus-Kirche, eine freie Zusammenkunft von Menschen, ohne Mitgliedschaft, ohne Riten, ohne Zeremonien, ohne Priester. Wir Urchristen kommen zusammen, um zu beten und das Offenbarungswort des Christus-Gottesgeistes durch Prophetenmund zu hören. Wir wenden die Zehn Gebote Gottes und die Bergpredigt Jesu sowie die heute offenbarten Gesetzmäßigkeiten zunächst mehr und mehr bei uns selbst an, so wie es auch die ersten Nachfolger Jesu vor zweitausend Jahren taten. Diese Kirche des Inneren ist die weltweite Prophetische Volks-Lehrkirche des Geistes Gottes. Durch das erschlossene geistige Bewußtsein der Lehrprophetin und Botschafterin Gottes, unserer Schwester Gabriele, lehrt Christus nun auch das Absolute Gesetz; es sind die großen kosmischen Lehren über das Leben der wahren gotterfüllten Menschen. Wer diese göttlichen Lehrsätze auf seinem Weg nach Innen befolgt, dem wird es gelingen, die Gesetze des Ewigen immer tiefer zu erfassen und mehr und mehr zu erfüllen. Die Urchristen im Universellen Leben setzen die Gebote Gottes Schritt für Schritt überall dort um, wo sich der Alltag vollzieht: in der Familie, im Wirtschafts- und Gesellschaftsleben, am Arbeitsplatz, in Kindergärten, in der Schule, in Kliniken, in der Landwirtschaft und in sozialen Einrichtungen.

Anfang 1989 schloß der Ewige den Bund mit Brüdern und Schwestern der Urgemeinde Neues Jerusalem für das Friedensreich Jesu Christi. Er, der All-Eine, übertrug Seiner Bundgemeinde die Verantwortung für alles Geschehen im Universellen Leben. Die Glieder der Bundgemeinde, die urdemokratisch alles gemeinsam beschließen, blicken einzig auf den einen Hirten, Christus, und sind bestrebt, die ewigen Gesetze immer mehr zu erfüllen. Sie sind aktiv für den Aufbau des

Friedensreiches Jesu Christi tätig, das aus dem Universellen Leben erwächst. Ausgehend von der Bundgemeinde Neues Jerusalem, entstanden und entstehen weitere Urgemeinden im Universellen Leben.

Menschen des Universellen Lebens sind Pioniere für die Neue Zeit, die schon angebrochen ist. Es ist das Geistzeitalter, in welchem Christus, der Herrscher des Reiches Gottes auf Erden, im Geistleib wieder unter den Menschen sein wird, um das Reich Gottes auf Erden ähnlich zu führen, wie es im Himmel ist.

Jedem Menschen steht der Innere Weg in das Reich Gottes offen. Die Schritte auf diesem Weg sind die beiden Meditationskurse und die Stufen des Inneren Weges zur Vollendung, von der Ordnung bis zur Barmherzigkeit. Keiner ist ausgeschlossen, der ernsthaft mit Christus den Weg im Inneren und Äußeren gehen will.

Bücher und Cassetten
im Universellen Leben

*Die großen kosmischen Lehren des
JESUS von Nazareth*
an Seine Apostel und Jünger,
die es fassen konnten.
Das Leben der wahren gotterfüllten Menschen
296 S., geb., Best.-Nr. S 134, DM/SFr 45,-, ÖS 360,-

*Die großen kosmischen Lehren des
JESUS von Nazareth*
an Seine Apostel und Jünger,
die es fassen konnten.
Das Leben der wahren gotterfüllten Menschen
*mit Erläuterungen
von Gabriele*
in der großen Lehrkirche des Geistes Gottes
Band 1
256 S., geb., Best.-Nr. S 317, DM/SFr 35,-, ÖS 273,-

Band 2
272 S., geb., Best.-Nr. S 319, DM/SFr 35,-, ÖS 273,-

*Band 3:
in Vorbereitung*

Das ist Mein Wort
A und Ω
Das Evangelium Jesu
Die Christusoffenbarung, welche die Welt nicht kennt
1114 Seiten, geb., Best.-Nr. S 007, DM/SFr 49,50, ÖS 386,-

SEIN AUGE
Die Buchhaltung Gottes
Der Mikrokosmos im Makrokosmos
216 S., geb., Best.-Nr. S 318, DM/SFr 29,80, ÖS 232,-

Christus enthüllt:
Der Dämonenstaat,
seine Helfershelfer und seine Opfer
88 S., kart., Best.-Nr. S 132, DM/SFr 19,80, ÖS 155,-

Dein Leben im Diesseits
ist Dein Leben im Jenseits
136 S., kart., Best.-Nr. S 316, DM/SFr 21,80, ÖS 170,-

Ursache und Entstehung aller Krankheiten
Was der Mensch sät, wird er ernten
348 S., geb., Best.-Nr. S 117, DM/SFr 32,50, ÖS 250,-

Innere Andacht
Eine Kostbarkeit aus der Inneren Geist=Christus-Kirche.
„Die großen kosmischen Lehren des JESUS von Nazareth an Seine Apostel und Jünger, die es fassen konnten", das Absolute Gesetz, erläutert von unserer Schwester Gabriele

Cassette: 1 und 2 - Best.-Nr. C 718, DM/SFr 18,-, ÖS 147,-
Cassette: 3 und 4 - Best.-Nr. C 721, DM/SFr 18,-, ÖS 147,-
Cassette: 5 und 6 - Best.-Nr. C 722, DM/SFr 18,-, ÖS 147,-
Cassette: 7 und 8 - Best.-Nr. C 723, DM/SFr 18,-, ÖS 147,-

*Weitere Informationen
über den Inneren Weg im Universellen Leben
sowie über alle erhältlichen Bücher,
Cassetten und Videos**
senden wir Ihnen gerne kostenlos zu.

*Universelles Leben · Haugerring 7 · 97070 Würzburg
Telefon: 0931/3903-0*

* Es gelten die Preise des aktuellen Verzeichnisses.